社会工作问题研究

SHEHUIGONGZUO WENTI YANJIU

艾理生 姚迪 著

中国出版集团有限公司
研究出版社

图书在版编目（CIP）数据

社会工作问题研究 / 艾理生, 姚迪著. -- 北京：研究出版社，2023.4

ISBN 978-7-5199-0883-6

Ⅰ. ①社… Ⅱ. ①艾… ②姚… Ⅲ. ①社会工作－研究 Ⅳ. ①C916.2

中国版本图书馆CIP数据核字（2022）第231540号

出 品 人：赵卜慧
出版统筹：丁　波
责任编辑：陈侠仁

社会工作问题研究

SHEHUIGONGZUO WENTI YANJIU

艾理生　姚　迪　著

研究出版社 出版发行

（100006　北京市东城区灯市口大街100号华腾商务楼）

北京云浩印刷有限责任公司　新华书店经销

2023年4月第1版　2023年4月第1次印刷

开本：710毫米×1000毫米　1/16　印张：12.5

字数：161千字

ISBN 978-7-5199-0883-6　定价：52.00元

电话（010）64217619　64217652（发行部）

CONTENTS | 目录

第一章

志愿服务问题

弘扬志愿精神　践行社会责任

青年是当代中国的脊梁，身负中华民族伟大复兴的光荣使命，承担着重大的社会责任。奉献自我、服务社会、主动承担起社会责任，是我国经济社会高质量发展赋予当代青年义不容辞的政治任务。在我国广大青年群众中，有一群有理想、有道德、有文化、有纪律的青年，他们对社会、对国家充满热爱，他们基于良知、信念和责任，不为物质报酬，自愿贡献个人的时间和精力，自愿为社会和他人提供服务和帮助，他们是遍布大江南北的青年志愿者。他们在每一个岗位、每一次行动中发光发热，践行为人民服务的宗旨，弘扬奉献、友爱、互助、进步的志愿精神，主动承担了很多社会责任。他们是民族的精英、青年的楷模。每一个中国青年都应该像他们那样，弘扬志愿精神，践行社会责任。

弘扬奉献精神，践行社会责任。奉献往往要牺牲小我，成就大我；牺牲自己，成就他人；麻烦自己，方便别人。小我是个人利益，大我是社会利益、国家利益、集体利益。奉献就要付出，付出不一定有回报，但是不付出一定没有回报。我们奉献，不求涌泉相报，只求得到他人的一个点头、一个微笑、一句谢谢，甚至这些都没有也不计较，只要我们的服务对象真心满意，就是对我们的最大回报。当代青年践行社会责任，必须弘扬奉献精神。我们要奉献时间，奉献精力，奉献智慧，奉献服务，奉献关爱。正如歌中唱的那样，“只要人人都献出一点爱，世界将成美好的人间”！

弘扬友爱精神，践行社会责任。友爱需要团结友善，互爱共生。虽然社会竞争是激烈的，但人与人之间并无天生的矛盾。与人为善要敬之以礼，动之以情。青年作为当代经济社会高质量发展的排头兵，更应以实际行动，弘扬友爱精神，践行社会责任。有了友爱精神，大家就会伸出援助之手，真正实现“一方有难，八方支援”；有了友爱精神，才能产生同情之心，关注弱势群体，关照困难群众；有了友爱精神，就会做出友爱之举，急人之所急，帮人之所需。

弘扬互助精神，践行社会责任。人人都会有困难，人人都会有困惑。如果这时我们能够挺身而出，就是弘扬互助精神。正所谓“赠人玫瑰，手留余香”“拉人一把，手存余热”。当今社会得道者多助，助人者自助，只有“我为人人”，才有可能“人人为我”。他人有难，是当代青年体现自身社会价值、主动承担社会责任的机会，我们应当毫不犹豫，立刻伸出援助之手，将社会的利益当作自己的利益，将他人的困难当作自己的困难，公而忘私，大公无私，毫不利己，专门利人。

弘扬进步精神，践行社会责任。对个人而言，进步首先表现为思想上更新观念，与时俱进；政治上以民为本，以大局为重；组织上向党靠拢，听党指挥。其次表现为学习上勤于思考，刻苦钻研；工作上尽职尽责，精益求精；生活上行为检点，作风正派。进步还表现在为人上助人为乐，与人为善；处事上认真负责，公道正派；为官上严于律己，率先垂范。青年强则国家强，青年进步则国家进步。青年作为社会的一员，必须弘扬进步精神，使自己走在时代的前列，走在改革的前沿，走在发展的前头，走在稳定的第一线，成为团队的先进、社会的楷模。但我们不能满足于自己当先进、做楷模，还应以自己的实际行动和事迹，影响、带动团队和社会成员共同奋斗，共同进步，共同承担社会责任，共同促进社会的发展和进步。

当代青年应该牢记党和人民的重托，勇敢地挺身而出，以弘扬志愿精神，践行社会责任为己任，让奉献、友爱、互助、进步成为时代的主题，成为时代的主流，成为时代的最强音。

向青年志愿者学习

近年来，青年志愿者人数不断增加，他们的身影遍布大江南北。无私奉献、不求回报是他们精神的写照。他们用双手传递着温暖，传递着爱心，这种精神值得大家学习。

向青年志愿者学习，学习他们心忧天下的胸怀。胸怀，是一个人的气度，胸怀决定着其成就的大小，“海纳百川，有容乃大”。古往今来，多少王侯将相、志士仁人，都是因其博大的胸怀才取得丰功伟绩。古人云：“先天下之忧而忧”，有心忧天下的胸怀，总能助人在前进的道路上越过重重阻碍。有了这样的胸怀，青年志愿者才能在不求任何回报的情况下，奉献自己的热血，奉献自己的青春；才能让那些受到帮助的人感受到来自社会的关爱和温暖。

向青年志愿者学习，学习他们吃苦耐劳的品质。吃苦，是一种品质、一种人生态度，更是一种智慧；吃苦，要经受得住艰苦生活的考验。对于那些青年志愿者来说，吃苦是常事，工作中经常会遇到复杂的地形、恶劣的气候、落后的设施，哪一样都不安逸，但是志愿者们都克服了。犹记得一句话：“乐处乐非真乐，苦中乐得来，才是心体之真机”，这句话对我启示很大。那些身在异乡的志愿者们，很多都是我们的同龄人，当他们在奉献青春的时候，我们却在挥霍青春；当他们在挥洒汗水的时候，我们却在享受安逸。同样的年龄，同样的光景，他们所体现的价值让我们感到惭愧。因此，我们也需要历练，需要学会吃苦，需要向青年志愿者们学习。

向青年志愿者学习，学习他们无私奉献的精神。无私奉献，需要甘于帮助他人，帮助社会。奉献精神是中华民族传统文化的基本精神之一，是中华民族世代发展、而锤炼造就的民族意识。青年志愿者们让这种精神得到了延续，他们走进山区，帮助那里的人脱贫致富；他们深入社区，帮助弱者们乐观生活；他们奔赴抗灾前线，帮助灾民重建家园。他们不为报酬，只是单纯地奉献，也正是他们所做的点点滴滴，让这个世界显得更加和谐美好。

虽然我国已经全面建成小康社会，但仍然处于社会主义初级阶段，还有许多需要帮助的人，还有许多需要支援的地方。我们不一定都要成为青年志愿者，但我们都要向青年志愿者学习，学习他们心忧天下，学习他们吃苦耐劳，更要学习他们无私奉献的精神。“只要人人都献出一点爱，世界将变成美好的人间。”我们要将爱传递下去，要将青年志愿者的精神传递下去。

社会责任是一种爱

爱，是一种很深的感情。社会责任就是对社会的感情，对社会的职责和义务。我们每一个人都来自社会，都因社会的存在而生存。我们从出生、上学、就业到结婚、生子、看病、老去，都沐浴着社会的阳光雨露，都享受着社会的爱。饮水思源，知恩图报，是每一个社会人应尽的责任。这份责任是对社会的责任，是对社会的真爱、敬爱、友爱和大爱。

社会责任就是一种爱，是真爱。真挚的感情既真诚又恳切，真诚在于真心、在于纯粹、在于责任当前，自觉担当，不迟疑退缩，不讨价还价，不计较个人得失，甘愿贡献个人的时间和精力。青年志愿者们践行牺牲小我、成就大我，牺牲自己、成就他人，麻烦自己、服务他人的宗旨，全心服务社会，全意帮助他人，不求任何回报，只求服务对象满意，以自己无私奉献的实际行动践行社会责任，践行真爱。

社会责任就是一种爱，是敬爱。古语云："事诸父，如事父。""老吾老，以及人之老。"社会养育了我们，成就了我们，我们应该以敬爱之心回报社会，把承担社会责任视为感恩、视为己任。为此，我们应该积极参与社会建设、环境保护、抢险救灾等公益性活动，在活动中贡献自己的时间和精力，在活动中奉献自己的尊敬和关爱，在活动中实现自己为人民服务的最大价值。

社会责任就是一种爱，是友爱。朋友、好友、挚友之间的感情，是一种团结友爱、互爱互生的感情，是一种互相关心、互相帮助的爱。北京奥运盛会，各方纷纷积极参与，仅志愿者就有170万人，还有无数在幕后默默付出的人。汶川地震发生后，社会各界捐款捐物，自愿义务献血的人排成长队，抢险救灾的志愿者更是用血肉之躯搭起了充满关爱的生命线。新冠肺炎疫情暴发后，无数志愿者在抗击疫情中发挥了非常重要的作用。这就是"一方有难，八方支援"的责任，这就是"国人有难，匹夫有责"的友爱。

社会责任就是一种爱，是大爱。大爱是一种胸怀万物的博爱，是一种心忧天下的广爱，是一种无私奉献的至爱。"先天下之忧而忧"体现了社会责任的担当，每一个社会人都应该忧党忧国忧民，都应该把党和人民的利益、国家和社会的利益摆在第一位，在必要时勇于牺牲自己的个人利益，真正做到大爱无疆，公而忘私，大公无私，毫不利己，专门利人。

社会责任就是一种爱。奉献自己的真爱、敬爱、友爱和大爱，践行社会责任，是当代青年的光荣使命，也是当代青年应有的道德素质。只要我们每一个人都献出一点爱，只要我们每个人都尽一点责，我们的社会必将更加和谐。

我是青年，我奉献

奉献是恭敬地交付、呈献，是给予、付出，是不为任何物质报酬，志愿为他人和社会贡献自己的时间、精力和钱财的一种传统美德。奉献是志愿精神的核心内容之一，是做好志愿服务的根本保证，也是青年承担社会责任的具体体现。青年是祖国的希望，民族的未来，社会的栋梁。青年强，则国家强、民族强、社会强。我是青年，要为国家、民族、社会而奉献。

要奉献自己的热情。热情是人参与活动或对待别人所表现出来的热烈、积极、主动、友好的情感。热情是奉献的核心内容，是奉献的真谛。有了热情，才有奉献的动力，才有奉献的自觉性；有了热情，接受帮助的人才会觉得你是在真心奉献，而不是故意施舍；有了热情，接受帮助的人才会感到温暖，而不是接受“嗟来之食”。青年应主动培养对国家、民族、社会以及人民群众的感情，特别是对弱势群体的感情，要带着感情积极参加志愿服务活动，在活动中奉献自己的热情，让世界充满情，情动大地，情感苍天，情暖人心。

要奉献自己的爱心。爱心是指同情、怜悯的心态。我们在每一次大灾大难现场总可以看到那么一群有爱心、有活力的年轻人，他们捐款捐物，自愿奉献个人的时间和精力，为灾难中的群众免费提供服务，充分体现了他们博大的爱心。事实反复证明：爱心就像冬日里的阳光，使饥寒交迫的人感到无比温暖；爱心就像沙漠里的一泓清泉，使身处绝境的人重新看到生活的希望；爱心就像夜里的灯塔，为黑暗中的人们指明前进的方向。

一个充满爱的集体是温暖幸福的，一个充满爱心的社会是和谐安定的。作为青年，我们一定要增强社会责任感，奉献自己的爱心，让世界充满爱。

要奉献自己的才智。才智就是才能和智慧。才智是青年奉献的内涵，是青年奉献的资本。青年应该加强学习，加强修养，努力工作，不断提高自己的思想政治素质和道德水平，不断提高自己的才智，为奉献奠定坚实的基础。我国目前还处于并将长期处于社会主义初级阶段，在发展的过程中，很多方面的工作还需要大量的青年志愿者弘扬志愿精神，奉献自己的才智。

我是青年，我奉献。只要我们每一个青年都大力弘扬奉献精神，积极参加乡村振兴、环境保护、社区建设、抢险救灾、大型活动等志愿服务工作，在活动中奉献热情，奉献爱心，奉献才智，我们的国家就会繁荣昌盛，民族就会兴旺发达，社会就会长治久安，人民就会幸福如意！

青春因奉献而精彩

青春是一支嘹亮的军歌，气势恢宏，活力四射。奉献则是那动人的音符，唱响了青春，也唱暖了每个人的心窝窝。千百年来，青春与奉献的每次“交锋”总是让人泪湿了眼眶，哭红了鼻子。每一次看到正值青春的奉献者们无私地付出，总能让人重新整理心情、感悟良多。其中感受最深的是青春因奉献而精彩。

人的生命只有一次，而青春则是生命中易逝的宝贵年华。雷锋的人生虽然短暂，但他无私奉献、助人为乐的精神永载史册，永垂不朽。青年志愿者们无私奉献、不计酬劳、不辞辛苦地帮助身边的人，让人们心怀感激、喜不自胜。让我们时常感叹：他们正值花样年华，却把最宝贵的青春用无私奉献的方式酿成了“一坛美酒”，作为精神文化的精华，分享给世人。他们正当青春，他们无私奉献，服务社会，他们的生命因奉献而大放光芒，他们的青春因奉献而精彩。

奉献，就要给予，就要付出，就要不计任何报酬，志愿贡献自己的时间、精力和金钱。奉献，不是随口说说就能实现，它需要自己动手，真抓实干，深入体验。有了这些奉献的行动，青春就会激情飞扬，无比精彩。

奉献，就要不分亲疏，不论远近，“四海之内皆兄弟”。为此，就要奉献自己的真心，奉献自己的爱心，奉献自己的耐心，奉献自己的细心，用心去服务社会，帮助他人，从而使自己的青春魅力四射，精彩无边。

北宋范仲淹曾说：“先天下之忧而忧，后天下之乐而乐。”这种“先忧后乐”的气节是何等豪迈和洒脱！“先忧后乐”的本质就是奉公奉献，就是大公无私、公而忘私，就是毫不利己、专门利人。当个人利益与党和人民的利益发生冲突时，当小团体利益与国家和集体利益发生矛盾时，青年志愿者们都能勇于牺牲个人和小团体的利益，这就是无私的奉献。他们的青春也因此而变得非常精彩。

青春是美好的，奉献是无私的。奉献因青春而延续，青春因奉献而精彩！

在奉献中健康成长

奉献，是一种爱，是对他人的付出，对社会的回报，对自我的升华。当代青年是国家的栋梁、民族的中坚、社会的精英，应该明确自己肩负的历史重任，主动践行社会责任，在服务他人、回报社会、升华自我的奉献中健康成长。

在奉献中健康成长，需要服务他人。服务可以分为有偿服务和无偿服务。青年志愿者的服务就是一种无偿服务，就是一种奉献。青年志愿者以服务他人为宗旨，以困难群众为主要服务对象，他们关心孤寡老人，陪老人聊天，帮老人量血压，为老人洗衣服；他们帮助失学的儿童重返校园，为家庭贫困的孩子义务家教；他们给残疾人打扫卫生，提供就业信息，进行心理辅导。这些虽然都是小事，却给需要帮助的人提供了很大的便利，带去了无限的温暖和感动。这就是一种大爱，也是对雷锋精神的传承，是把有限的生命投入无限的为人民服务中去，从而使自己在奉献中、在服务他人中健康成长。

在奉献中健康成长，需要回报社会。我们这一代青年曾被打上“娇生惯养，个性自我，浮躁功利，集体观念淡薄，缺乏责任感，很少懂得关心他人”的烙印。因为生活的环境太优越，以致很多青年人在这样的环境中养成了一些坏习惯，只会一味地向父母索取、向社会索取，却不懂得感恩，不懂得回报。每一个青年都是社会中的一分子，是社会给我们提供了优越的学习、工作、生活条件，是社会给我们提供了发展的机会和平台。我们应该感恩社会，回报社会，主动积极地参加青年志愿者活动，在活动中无私奉献自己的时间、精力和钱财，为社会公益事业的发展作出自己应有的贡献，使自己成为一个对社会有用的人。

在奉献中健康成长，需要升华自我。青年志愿者行动是适应时代呼唤和社会需要应运而生的。当代青年应该积极参加青年志愿者活动，在活动中奉献自己的热情、爱心和才智；在奉献中提高自己的政治觉悟，陶冶自己的思想情操，锤炼自己的工作作风；在奉献中弘扬中华民族传统文化精神，承担时代赋予当代青年的社会责任，真正实现为人民服务的最大价值，从而使自己的灵魂得到洗礼，使自己的境界得到超越，使自己的人生得到升华。

奉献是心的呼唤，是爱的感召，是情的倾注。当代青年应该在爱心的感召下奉献，在奉献中健康成长，使自己成为一个有“灵魂”、有“脊梁”、有爱心、有社会责任感的“大写的人”。

人生的价值在于奉献

人生的价值在哪里，这是每一个有思想的人必须认真思考并明确回答的问题。世界观、人生观、价值观不同，得出的结论也不一样。

有的人认为，人生的价值在于生命的长短。实际上，人生的价值不在于活多久，而在于怎么活。我国著名诗人臧克家说："有的人活着，他已经死了；有的人死了，他还活着。"一个人的生命长度是不能控制的，但生命的宽度可以由自己掌握。我们要把有限的生命投入无限的为人民服务中去，在实现社会价值中体现自己的人生价值。在革命战争年代，无数革命先烈为了"世界上最壮丽的事业"，为了"全人类的解放"，抛头颅，洒热血，牺牲了自己年轻的生命，从而实现了永恒的人生价值。在和平建设时期，多少模范人物为了社会主义事业，为了维护人民的利益，废寝忘食，呕心沥血，鞠躬尽瘁，死而后已，从而实现了自己人生价值的永恒。

有的人认为，人生的价值在于职位的高低。实际上，人生的价值不在于能否做官、做多大的官，而在于怎样奉献。雷锋是一名战士，李素丽是一个售票员，徐虎是一个水电工，他们立足于本职工作，发扬敬业精神，爱岗敬业、艰苦奋斗，在平凡的岗位上创造了令党和人民满意的业绩，作出了不平凡的贡献，实现了自己崇高的人生价值。焦裕禄、孔繁森、郑培民、杨善洲等优秀领导干部身居领导岗位，心系人民群众，全心全意为人民服务，真心诚意为人民谋利益，以自己执政为民、用权为公的模范行为和崇高品德，赢得了广大人民群众的衷心赞誉，使自己的人生价值得到了高度升华。有的人虽然身为高级领导干部，但耐不住清贫，抗不住诱惑，经不住考验，骄奢淫逸，贪污受贿，腐化堕落，成为人民的罪人，臭名昭著，遗臭万年，这样的人生简直是一文不值。

有的人认为，人生的价值在于金钱的多少。实际上，人生的价值不在于能赚多少钱，而在于如何看待和使用钱。著名化学家诺贝尔因对炸药的研制成功而成为巨富，但他一生珍惜的不是金钱而是对科学的贡献。他说："金钱这种东西，只要能够解决个人的生活就行了，若是过多了，它会成为压制人类才能的祸害。"他在临终前立下遗嘱，将他财产的一部分作为基金，以其利息作为设物理学奖、化学奖、生理学或医学奖、文学奖、和平奖的奖金，对科学的发展起到了很大的推动作用。两次获得诺贝尔奖的居里夫人，也终生轻视钱财。当有人同她谈起镭的专利能使她成为巨富时，她平静地说："没有人应该由镭致富，镭是一种元素，它是属于全世界的。"

那么，人生的价值究竟在哪里？我们认为，人生的价值在于奉献。

奉献是一种责任。我们每个人都有责任对国家、对社会、对他人做出奉献。我们讲奉献要从尽职尽责开始，并在尽职尽责中升华。在尽职尽责中奉献，在奉献中尽职尽责，应该成为我们的共同选择和自觉行动。

奉献是一种境界。从一般意义上讲，奉献是一种主动的、自愿的、不计回报并且可以牺牲自身利益的给予或付出，这种无私和忘我行为体现着一种崇高的精神。追求奉献还是索取，是人生价值高低的试金石。从范仲淹的"先天下之忧而忧，后天下之乐而乐"到文天祥的"人生自古谁无死，留取丹心照汗青"；从夏明瀚的"砍头不要紧，只要主义真，杀了夏明瀚，还有后来人"到鲁迅的"吃的是草，挤出来的是奶"；从董存瑞舍身炸碉堡到黄继光挺身堵枪眼；从刘胡兰视死如归，到罗盛教舍己救人；从雷锋的"把有限的生命投入到无限的为人民服务中去"到徐虎的"辛苦我一人，方便千万家"；从焦裕禄的"心里装着人民群众，唯独没有自己"到孔繁森的"一个共产党员爱的最高境界是爱人民"；从吴天祥的"三天不见群众就心里发痒"到郑培民的"做官先做人，万事民为先"。从他们身上我们可以感受到奉献是一种崇高的精神境界，是无谓的牺牲、无私的给予、无悔的付出、无怨的回报。

奉献是一种能力。如果我们一无所知、一无所长，将拿什么去奉献给国家、奉献给社会、奉献给他人，又凭什么去实现自己的人生价值？能力是奉献的本钱之一，从革命战争年代的老一辈无产阶级革命家和英雄人物，到和平建设时期的劳模先进和科技精英，许多都有卓越的才能。面对百年未有之大变局，面对知识经济时代，面对经济全球化趋势，面对复杂多变的国际局势，面对日趋激烈的国际竞争，面对国内繁重的改革、发展、建设任务，我们要想做出重大奉献，就要不断提高自己的综合素质和能力。

人生的价值不是在高谈阔论中体现的，而是在真抓实干中实现的。奉献应成为我们的坚定信念和执着追求。让我们在人生的道路上不断奉献，在不断地奉献中实现自己的人生价值吧！

第二章

青少年国民教育问题

树立正确的教育价值观

“少年强则国强。”青少年是一个国家的未来和希望，是决定国家兴衰存亡的关键因素。如何教育好青少年？家庭、学校和社会都具有义不容辞的责任。在当今这个“速食年代”，一些人对于身边的一切都急于求成，对于青少年的教育也不例外，这种急功近利的教育使当今的教育价值观出现了一些扭曲病态的现象。树立正确的家庭教育价值观、学校教育价值观和社会教育价值观，是当代教育事业的当务之急。

树立正确的家庭教育价值观。家庭是孩子的第一课堂，家庭教育是学校教育和社会教育的基础。孩子出生后，最先接触到的就是家庭对他的教育，伴随着家庭教育将开启他在这个世界上一生的教育历程。由于孩子在进入学校之前最先接触到的只有家庭教育，所以家庭教育对于青少年性格的形成和初步人生观的建立具有至关重要的作用。即便在开始接受学校教育和社会教育之后，家庭教育也一直陪伴其整个教育过程。因此，树立正确的家庭教育价值观，为孩子的人生打好基础，是每个家庭、每个家长应该履行的职责。

树立正确的学校教育价值观。学校是孩子继家庭教育之后的又一新课堂，学校教育贯穿幼儿期到成年期的整个成长阶段。学校教育的目的是要培养德智体美劳全面发展的学生，培养有理想、有道德、有文化、有纪律的“四有”新人。学校的教育价值观必须与教育目的保持一致，努力体现并实现教育目的。各个方面的教育构成了学校教育的整体，如果学校教育过分重视知识教育而忽视其他方面的教育，一旦各个方面的教育不能保持齐头并进，这个整体就很有可能会倾斜乃至坍塌。由此可见，学校教育价值观关系到学生能否健康成长，关系到学校教育的目的能否真正实现。树立正确的学校教育价值观，是每所学校、每个校长、每个老师做好教育工作的根本保证。

树立正确的社会教育价值观。继家庭教育和学校教育之后，每个人最终都要进入社会这个大集体，社会教育是家庭教育和学校教育的验证和延续。家庭教育是基础，学校教育是关键，社会教育是升华。正确的家庭和学校教育价值观的培养，将会为接受社会教育做好良好的准备。社会是一个复杂的大环境，它的教育价值观不但受家庭和学校教育价值观的影响，而且影响着家庭和学校的教育价值观，验证着家庭与学校教育价值观的正确与否。同时，社会教育必须与家庭教育、学校教育在价值观方面保持高度一致，才能真正潜移默化地促进一个人的成长和进步，使其成为对社会有用的人。

家庭、学校、社会的教育价值观构成了整个教育的价值观体系，它们互为支撑，互为补充，缺一不可。我们只有认真贯彻落实国家的教育方针，树立正确的教育价值观，始终保持家庭教育、学校教育、社会教育的正确方向，才能把孩子培养成中国特色社会主义事业的建设者和接班人。

谨防“高分低能”

在我们日常生活中有一些“高分低能”的大学生，他们专注于提高分数，毕业之后面对社会的挑战一片茫然，不知所措。这提醒了我们的学校教育不能只注重学生的文化素质，而忽略对全面素质中思想、道德、身体、心理等其他素质的培养。只有全面地提升学生的素质，才能避免“高分低能”的现象出现。

谨防“高分低能”，必须提高学生的思想素质。理想往往是人生的风向标和指明灯。没有良好的思想素质，不知道人生的方向，就不会积极地提高自己的能力，而是盲目地追求分数，“高分低能”就不足为奇了。周恩来曾立志“为中华之崛起而读书”，正是有这种理想和追求，他才能成为人人爱戴的好总理，才能为建立新中国立下不朽功勋。因此，只有让学生提高思想素质，树立远大的理想，才能真正预防“高分低能”。

谨防“高分低能”，必须提高学生的道德素质。“地势坤，君子以厚德载物。”一个人如果没有良好的道德，不懂得尊老爱幼、诚实守信等社会公德，不懂得爱岗敬业、精益求精等职业道德，不懂得孝顺父母、教育子女等家庭美德，只爱自己、不管家人，只顾自己、不管他人，活在自私自利的狭隘空间里，就会满足于自己的分数，忽视家人和他人的存在和感受。天天“衣来伸手，饭来张口”，这也是无德的表现，也是“高分低能”的原因。

谨防“高分低能”，必须提高学生的身体素质。“身体是革命的本钱。”拥有健康的身体是学生健康成长的基础。倘若让学生在长身体的时候不能拥有足够的休息和锻炼时间，一味地埋头书海，分数是提高了，身体却垮掉了。手不能提、肩不能挑，弱不禁风，这样的学生将来怎么面对复杂社会的冲击？怎么面对艰巨的工作任务？可见，只有拥有强健的体魄，才能经受艰苦环境的锻炼。不断提高素质能力，真正做到高分高能。

谨防“高分低能”，必须提高学生的心理素质。在学校教育和家庭教育中要重视对学生的心理素质的加强。如果遇到一点小小的阻力就放弃，一点小小的压力就崩溃，一点小小的挫折就轻生，这样的学生分数再高，也没有能力独立生活。俗话说“不经历风雨，怎么见彩虹”，只有提高学生的心理素质，才能让学生经受住人生的“风雨”，见到“彩虹”。

思想素质、道德素质、身体素质、心理素质、文化素质，是学生综合素质的重要组成部分，也是学生全面发展的重要内容。任何一种素质的缺失，都会导致学生某方面的低能。只有注重全方位提高孩子的整体素质，才能真正防止“高分低能”现象的出现，才能培养出全面发展的栋梁之材。

不能剥夺孩子们的权利

随着家长与学校对孩子们的要求越来越高，孩子们的课业负担变得越来越繁重，大量课余时间被占用，孩子们的很多权利也被剥夺了，他们不敢犯错，不能自由地休息和玩耍，不能自由地发展。这种现象必将在“双减”政策的贯彻落实中得到全面解决。

善待孩子们的犯错。从“小错不断，大错不犯”这句俗语中可见，小错误不犯的孩子，常常犯大错误。究其原因，是没有犯错的经验。没有谁是从来不会犯错的，而只有在错误中找到原因予以更正，才能得到成长。从某种意义上来说，犯错是孩子的权利，是孩子成长的资源，也是孩子进步的宝贵财富。许多家长和学校不能正视孩子们的错误，对他们的错误往往提出过度的批评而不是正确的引导，而过度的批评会导致孩子在以后的成长中不敢想、不敢做，将他们的好奇心及发现、改正错误的能力扼杀在摇篮里。面对孩子的犯错，我们有很多方法比批评更有效。正确的引导，能使孩子们明白什么错不该犯，犯错后又该如何改正。因此，我们要善待孩子们成长中的犯错。

不要剥夺孩子们玩耍的权利。睡眠缺乏将直接影响孩子们的身体发育和心理健康。玩耍是孩子们的天性，也是孩子们的权利。如果剥夺了孩子们玩耍的自由，不仅残酷，还对孩子们的身心健康无益。孩子们都会有自己的喜好，做父母的与其控制管教，不如加入他们的玩耍中，从玩耍中对其进行指导和帮助，让他们在玩耍中得到放松，学到一些课堂上学不到的东西。所以不要任意抹杀孩子们的创造欲望和玩乐心态，要让孩子们劳逸结合，给他们的自由发展留下足够的时间和空间。

让孩子们自由发展。为孩子们制定各种各样的条条框框，孩子们被紧紧关在各类条框的牢笼里，谁要是踏出条框，便会被贴上坏孩子的标签。很多父母溺爱孩子，怕孩子受到伤害，因而限制了孩子的自由权利和自主能力，事事替孩子包办，给孩子灌输“只有听话的孩子才是好孩子”的概念。很多媒体曾对各类高考状元大肆报道，对孩子们“废寝忘食”的学习予以宣传，宣扬着“书桌前的孩子才能成才”的理念。但这些却束缚了孩子们的思想，限制了孩子们自由发展的权利。冰心说过，要让孩子像野花一样成长。可见，要给孩子们以自由，还孩子们自由发展的权利，这才是以人为本的教育理念。

2020年4月21日上午，习近平总书记来到陕西省安康市平利县老县镇考察调研，在镇中心小学，他说：“现在孩子普遍眼镜化，这是我的隐忧。还有身体的健康程度，由于体育锻炼少，有所下降。文明其精神，野蛮其体魄，我说的‘野蛮其体魄’就是强身健体。”因此，学校和家长都要督促孩子强身健体，任何人都没有权利剥夺孩子犯错、玩耍、自由发展的权利。要让孩子在犯错中成长，在玩耍中健康身心，在自由发展的世界里充分展示自己的个性，使他们全面发展、健康成长。

“坏”孩子的考问

我国的教育事业得到快速的发展，但近些年来，我国的教育现状多次被推上风口浪尖，问题不时出现，其中一个很典型的现象就是认为学习成绩好的就是“好”孩子，学习成绩差的、贪玩的孩子就是“坏”孩子。试问，这些孩子真的是“坏”孩子吗？哪个孩子愿意成为被人排斥的“坏”孩子？“坏”孩子的出现考问着家长的教育理念是否正确，考问着教师的师德修养是否到位，考问着国家的教育体制是否完善。

“坏”孩子考问着家长的教育理念。家长是孩子的启蒙老师，树立正确的教育理念对孩子一生的发展都将大有益处。通常，孩子成为优秀人才的背后，总能找到温馨和谐家庭的影子；同样，一个人形成不健全的人格，也可以从其家庭中找到充满冲突和矛盾的因素。因此，家长努力为孩子营造一个良好的成长环境是形成正确的教育理念的重要组成部分。品德重于学问，状态大于方法，是正确教育理念的核心。家庭教育最重要的任务是建筑人格长城。生活中有一个误区是一俊遮百丑，有了高分数、好成绩，就被看作“好”孩子。事实上，影响终身发展的因素中，分数并不是最重要的，起着制约作用的是品德、性格，是做人的快乐，是受人欢迎尊重，而不光是知识学问。因此，家长在教育孩子时，一定要树立起正确的教育理念，这将会为孩子人格的健全发展奠定坚实的基础。

“坏”孩子考问着教师的师德修养。邓小平同志说：“一个学校能不能为社会主义建设培养合格人才，培养德智体全面发展、有社会主义觉悟的有文化的劳动者，关键在教师。”可见，提高教师的师德修养，是贯彻素质教育的最根本前提和基础。教育是爱的共鸣，是心和心的呼应。教师只有热爱孩子，才能教育好孩子，才能使教育发挥最大限度的作用。可以说，热爱孩子是教师职业道德的根本。对孩子冷漠、缺乏热情，绝不是一个有良好师德的好教师。要尊重孩子的人格，了解孩子的个性，相信孩子、关心孩子，对孩子要爱护、宽容、尊重，充分鼓励孩子的自尊和自信，关心孩子的学习、成长进步和全面发展，这才是师德修养高的具体表现。

“坏”孩子考问着国家的教育体制。教育是以提高学生的全面素质为目的的。全面素质包括思想素质、道德素质、文化素质、身体素质、心理素质等。然而，应试教育导致了孩子们成为只追求高分数、好成绩的“好”孩子。统一大纲、统一教材、统一课程、统一考试、统一录取等“一刀切”的教育体制，也在客观上使得孩子无缘也无法发展个性。当务之急，国家必须完善教育体制，解放孩子的眼睛、头脑、双手，解放孩子的空间与时间，使他们做自己的主人、做国家的主人、做世界的主人。从而成为拥有健康的体魄、健全的人格、正常的情商、快乐的心性、齐备的生活技巧的好孩子。

“坏”孩子的出现提醒了我们：解决教育问题刻不容缓。只有家长树立正确的教育理念、教师提高师德修养、国家完善教育体制，才能真正让我国的教育事业快速长远地发展，才能经得住“坏”孩子的考问。

教育岂能功利化

教育功利化是一个不得不正视的问题。从大四学生可以名正言顺地旷课，到家长不给老师送礼老师就不认真教孩子等现象的出现，提醒我们教育似乎陷入了一片以利为先的功利泥潭。然而，教育岂能功利！

教育功利化使教育失去原本意义。教育原本是崇高神圣的事业，然而现代化教育却走向了误区，大学里存在一种比较普遍的意识：读书是为了更好地找工作、赚钱、获取名誉与地位。在这种意识和风气的指引下，大学生为了兼职或是其他事务，可以不断地逃课，甚至到了大四，坚持去上课的人寥寥无几。更有甚者，在期末时明目张胆地向老师讨要及格。这不仅仅是对知识的不尊重，也是教育功利化产生的恶果，不仅是在高校，在各个初中、高中乃至小学，都有功利渗透教育的现象发生。

教育功利化会误导孩子功利。教育的目的不仅是教授孩子知识，也要帮助他们形成正确的世界观、人生观和价值观。但现在部分学校仅以成绩的高低来区分学生的“好”“坏”，这将使孩子形成唯成绩论的观念。事实上，一时的成绩差又能说明什么呢？上海南洋模范中学培养出的23名院士中，当时居于成绩前30%的有15人，居于中间的40%的有2人，居于后30%的有6人。可见，这种成绩功利主义实在没有道理。

教育功利化培养不出优秀人才。有人曾说过：“在我们的教育中，往往是为着实用和实际的目的，过分强调单纯智育的态度，已经直接导致对伦理的损害。”所谓优秀人才，不仅指智力的优越，更要求德、智、体、美、劳的全面发展。一个没有道德的人，能力越大，危害越大。北京大学的钱理群教授也有这样的看法：“我们的一些大学正在培养一些‘精致的利己主义者’，他们高智商，世俗、老到、善于配合，更善于利用体制达到自己的目的。这种人一旦掌握权力，比一般贪官污吏危害更大。”

因此，教育应当拒绝功利化。

第三章

住房改革问题

住有所居

2000多年前孟子便提出了“居者有其屋”的梦想，如今，“住有所居”仍是我国城市社会中最大的民生问题之一。可见，从古至今，人们对住房的需求是多么渴望，多么期待。近些年来，房屋价格居高不下，“居者有其屋”的梦想越来越难以实现。因此，解决“住有所居”的问题，对于国家、社会以及民众来说，都有重大的现实意义。

住有所居，是国家高质量发展的重要标志。高质量发展要以人为本，实现人人“住有所居”是推动经济社会高质量发展的内在要求，是以人为本的具体行动，也是实现人的全面发展的前提条件。国家要实现高质量发展，必须大力加强经济适用房和廉租房建设。一座座高楼大厦，一栋栋经济适用房，一排排廉租房，是“住有所居”的生动体现，也是国家高质量发展的象征和标志。

住有所居，是社会长治久安的基本保证。要确保社会长治久安，必须解决衣、食、住、行等最基本的民生问题。衣、食问题基本已顺利解决，而住的问题直到现在还没有解决好。住房问题拉大贫富差距、影响家庭和睦、影响社会和谐、影响党群干群关系，只有实现“住有所居”，才能真正实现社会长治久安。

住有所居，是民众安居乐业的前提条件。“住有所居”是千百年来人类共同的美好愿望。“乐业”必须“安居”，“安居”才能“乐业”。“安居”是民众干事创业的前提，居无定所的人无法专心干事业，更谈不上“乐业”。试想，如果天天都在为房价虚高而望房兴叹，天天都在想我要怎样精打细算才能凑够首付、要多少年才能还清房贷，那么，这样的民众就真的成了房奴，这样的日子就真的度日如年，这样的状态下又怎能全身心投入工作为社会做贡献?

住房问题始终寄托着人们许多希冀和憧憬。只有实现“住有所居”，国家才能实现高质量发展，社会才能实现长治久安，民众才能实现安居乐业。因此，无论是过去，还是现在，抑或将来，各级政府都要把实现“住有所居”作为自己的重要职责和任务，将其摆上议事日程，落实，落实，再落实。

安居乃民生之要

“居者有其屋”，其本意是人民群众都有属于自己的住房。时至今日，这个梦想还没有完全实现。安居问题仍然是我国目前最大的民生问题之一，也就是说，安居乃民生之要。

安居才能安心。安心就是心思安稳，心情安定。如果一个人心思不安稳，心情不安定，那么做什么都不会有成效。安居就是安家，人们无论在外面受了什么样的委屈，吃了什么样的苦头，回到温暖的家里，一切都会烟消云散。特别是对那些在外地打工的人们以及买不起房的低收入者，有一个安稳的属于自己的住所，他们才会对所在的城市有归属感，才会更加热爱自己的生活。试想，如果一个人干了一辈子，连一套安稳的住房都没有，他能安心吗？试想，如果一对夫妻共同生活多年，看着孩子慢慢长大，却没有安稳的住房，他们能安心吗？因此，我认为安居是安心的前提，安居才能安心。

安居才能乐业。安居乐业是人们普遍追求和向往的目标，是人们生活幸福的表现之一。安居是乐业的基础，没有安定温馨的住所，人们就会为其发愁、焦虑甚至惶惶不可终日，就不可能全身心地投入工作，更谈不上愉悦地工作了。许多农民工为城市的建设默默地奉献着，但没有自己的房子，没有自己的家，他们只是为了生存而奔波忙碌，离乐业相去甚远。我国虽然已经全面建成小康社会，但仍然还有许多群众没有从根本上解决安居问题，谈何乐业？因此，安居是乐业的必要条件，安居才能乐业。

安居才能和谐。和谐是人们相处得和睦融洽的状态。构建社会主义和谐社会是中国共产党和政府的重要目标，也是人民群众的强烈愿望。然而，安居问题仍然是目前我国社会存在的严重问题，它对社会主义和谐社会的构建产生了很大影响。有些人因为房价虚高夫妻离婚、父子成仇、兄弟反目，增加了多少不和谐因素？君不见因为房价虚高给政党与人民、政府与群众、富人与穷人、开发商与购房者增加了多少矛盾和冲突？因此，我认为，安居是社会和谐的重要保证，安居才能和谐。

安居是重要的民生，也是较难实现的民生目标。没有安居，人们就不可能安心，民众就不可能乐业，社会就不可能真正和谐稳定。因此，安居乃民生之要。

不要让房改成为“非和谐因素”

居者有其屋自古以来都是人们的一个梦想。时至今日，人们对这个梦想的渴望更加强烈。然而，我国的住房改革却让许多人的这个梦想变成了泡影，使房改成为制造社会不公的“非和谐因素”。

不要让房改成为“非和谐因素”，必须始终坚持房改主旨初衷。1998年国务院加大住房制度改革力度，其主旨是建立和完善以经济适用住房为主的住房供应体系，初衷是城市80%以上的家庭应该是由政府向他们供应经济适用房，而不是开发商搞的商品房。房改以人民的利益和福祉为出发点，力争在保障体系内解决居民的住房问题，这是构建和谐社会的题中应有之义和必然选择。然而，当经济适用房从“住房供应主体”变成“具有保障性质的政策性商品住房”，房价迅速上涨时，老百姓的需求和利益就被忽视了，开发商的利益就膨胀了，房地产市场就成了卖方市场。长此以往，不但影响房地产市场的健康发展，而且势必会影响社会的和谐与稳定。

不要让房改成为“非和谐因素”，必须努力完善住房保障体系。住房保障体系是国民福利体系的一个重要组成部分。我们常说“安居乐业”，如果人们连居住的地方都没有，何以安居，何以乐业？如果人们不能乐业，社会和国家何以发展，何以和谐？因此，必须建立完善的住房保障体系，使中低收入者和弱势群体的居住需求得到满足，使广大群众感受到政府的关怀和温暖，从房改中获得实惠，获得拥护房改的理由，促进社会和谐与稳定。

不要让房改成为“非和谐因素”，必须切实加大宏观调控力度。房地产市场实质是政府、开发商、老百姓的三方市场。建立健康的房地产市场关键在政府，只要政府切实加大宏观调控力度，确保房改的正确方向，就可以主导房地产市场的发展趋势，平抑房价，消除泡沫，使房地产市场成为政府能够宏观驾驭、开发商公平竞争、老百姓买得起房的“三赢”市场，从而实现社会和谐与稳定。

住房问题是关乎民生大计的重要问题，住房改革必须慎重前行。我国的房改之路已经经历了一段曲折的过程，并仍将在摸索中前进。我相信，只要政府践行房改主旨和初衷，建立起完善的住房保障体系，进一步加强宏观调控，协调好房地产市场的利益关系，大力建设经济适用房和廉租房，我国的房改之路就会越走越顺，绝不会成为“非和谐因素”。

谨防房地产领域腐败

房改要成功，必须谨防房地产领域腐败。

谨防房地产领域腐败，就要打破“软阻力”。据媒体报道，曾有地方一个经济适用房房号被“炒”到十几万元，为什么会有如此现象？记者在调查中发现，经济适用房供应量严重不足，这与建设过程中遭遇政府有关部门和垄断集团的“软阻力”有关。因为政府有关部门认识不到位，对落实经济适用房政策重视不够，才造成供房严重不足。又加上许多部门因没有“油水”，在有关经济适用房手续审批和协调上拖延时间，甚至“索拿卡要”，阻碍了经济适用房建设项目的正常进行。因此，要谨防房地产领域腐败，必须畅通政令，全面贯彻落实国家房改政策，切实打破经济适用房建设的“软阻力”。

谨防房地产领域腐败，就要杜绝“潜规则”。有的开发商将好房子留给官员，就是为了开绿灯，是房地产领域的“潜规则”。这种把好房子低价销售给官员的做法，其实质是用住房变相贿赂官员，房地产开发商与官员勾结，是房地产领域腐败的根源。因此，要谨防房地产领域腐败，必须严格加强监督，依法杜绝房地产行业的“潜规则”。

谨防房地产领域腐败，就要严惩“以权谋房”。有的政府官员利用手中的权力为自己谋房，真正需要经济适用房和应该享受经济适用房的居民却没有得到实惠。人们呼吁政府严格实施经济适用房供应对象申请审查制度，严格执行建设标准，严格规范销售管理，严格集资合作建设房管理，别让中低收入者望房兴叹。因此，谨防房地产领域腐败，必须严惩政府官员“以权谋房”。

“千里之堤，溃于蚁穴。”经济适用房建设的“软阻力”，房地产行业的“潜规则”，以及一些政府官员以权谋房等房地产领域腐败现象，就是“蚁穴”。只有始终坚持房改的主旨和初衷，坚决打破“软阻力”，杜绝“潜规则”，认真严惩“以权谋房”，才能真正实现居民、政府与房地产开发商“三赢”，真正实现“居者有其屋”。

“三管齐下” 破除房价虚高的坚冰

推动高质量发展，必须让人民群众得到实惠。“住有所居”是人民群众最基本也是最迫切希望得到的实惠。然而房价虚高却令中低收入者只能望房兴叹。因此，笔者认为，一定要“三管齐下”，破除房价虚高的坚冰，让房价与居民购买力“渐行渐近”。

加强宏观调控，破除房价虚高的坚冰。近几年房价没有怎么涨，基本稳定在了一个水平线上，这说明“房住不炒”和宏观调控取得了初步效果。但稳住房价不是最终目标，最终目标是让老百姓买得起房，所以宏观调控政策不能松。现在不少人持币观望，等待着调控效果，一旦政策放松，就有可能造成房价迅速反弹，之前的调控就会前功尽弃。因此，政府必须进一步加强宏观调控，促进房价合理回归。

完善住房保障，破除房价虚高的坚冰。住房制度改革和房地产业的发展不仅关乎民生保障，关乎地方政府的财政收入，也关乎社会结构的调节和宏观经济的调控。在纯粹的商品房领域房价高企，房价与居民的收入比，远远超过了应有的水平线；在保障性住房上，不仅存在地方政府经济适用房、廉租房的建设热情和动力不足，也存在“经济适用房出租”和“廉租房出售”等现象，反映了其公平的缺失和过程的扭曲。盖房子是为了给老百姓住，而不只是为了经济增长，如果经济增长了大家反而住不起房子，这岂不是很悲哀？可见，完善住房保障体系能从根本上解决中低收入者的住房问题，破除房价虚高的坚冰。

房价虚高所带来的“寒冬”，老百姓首当其冲。各级政府及其职能部门一定要坚持“房住不炒”的定位，坚持一城一策、因城施策，落实房地产长效管理机制，加强宏观调控、打破行业垄断、完善住房保障，破除房价虚高的坚冰，还楼市一个艳阳天！

第四章

环境保护问题

“后天”的考问（一）

两极冰川融化，海水吞没大陆，城市瞬间冰冻……这是气候灾难大片《后天》给我们描述的地球的“后天”，影片在给观众以强烈视觉冲击的同时，更多的是带给人类对全球气候变暖的思索。它使我们清醒地认识到，“后天”的考问是一种压力，是一种动力，是一种合力，保护好人类共同的家园——地球，是每一个地球人应尽的职责和义务。

“后天”的考问是一种压力。气候变化的主要因素来自人类各种活动的碳排放。在我国，人类活动影响到气候变化的第一因素是煤炭的开采和在发电、取暖中的使用。我国大气中排放的二氧化碳大都来自燃煤。如果中国不改变以燃煤为主的能源消费结构，不改变传统工业生产和消费方式，环境严峻期将提前来到，并将带来严重社会问题。由此可见，我国改变能源消费结构的压力有多大。“后天”的考问是一种压力，它倒逼政府出台政策鼓励新能源的开发和消费，以可再生能源替代化石能源，推动绿色发展；它将促使人们低碳学习、低碳工作、低碳生活，努力建设低碳社会。

“后天”的考问是一种动力。动力是推动力，是推动我们去做的力，是推动我们做好的力，是推动我们快做的力。俗话说：“变压力为动力。”全球气候变暖导致的“海平面上升，淡水资源匮乏，气象灾害频发，沙尘暴和荒漠化加剧”所带来的压力，已经成为我们切实加快结构调整、大力发展低碳经济、积极开发绿色技术、全面推广清洁能源的动力。我们有充分的理由相信，气候灾难大片《后天》描述的地球“后天”的恐怖情景只是一种想象和推测，人类有动力、有决心、有能力阻止其发生。

“后天”的考问是一种合力。有分析人士指出：“今天，无论是发达国家还是发展中国家，科技输出可以被封锁，战火可以因国界被隔绝，大气层的流动却无以阻挡。”2009年的《哥本哈根协议》就发达国家实行强制减排和发展中国家必须采取减排行动作出了安排。观察家认为，哥本哈根气候变化会议的特殊意义在于，它关系到各国未来如何判断国际气候合作，它实质上是发展权利和发展空间之争，是国际格局之争。由此可见，应对全球气候变暖并非一个人、一个国家的责任，而是全人类和各国政府的共同责任和义务，需要各方面通力合作才能得到改善，实现转变。

“后天”的考问以气候变暖为压力，我们要从实际出发，深入研究并制定碳达峰碳中和的有关政策，统筹好经济发展、能源保障和碳达峰碳中和的关系，化压力为促进“两型社会”建设的动力，变动力为促进经济社会可持续发展的合力，集中全人类的智慧，依靠各国的力量，共同应对“后天”的考问。

“后天”的考问（二）

我国是全球气候变暖特征最显著的国家之一。气候变化对我国的影响和危害是多方面的，炎热、干旱、洪涝、风暴等气候灾害频发，沙尘暴和荒漠化加剧，从而可能导致疾病流行、粮食产量下降和一些物种灭绝。在这样严峻的环境形势下，我们不得不反思过去的产业结构、经济发展方式以及能源消费结构，不得不考虑如何应对“后天”的考问。

加快产业结构调整，经受“后天”的考问。我国的农业还没有实现现代化，服务业还不够发达，第二产业仍然是我国发展经济的主要产业，这就形成了环境污染重、能耗高的局面。据测算，如果我国服务业GDP比重提高1%，工业比重下降1%，单位GDP能耗相应降低约1%；如果工业中的高技术产业比重提高1%，而能耗行业比重下降1%，单位GDP能耗可能相应降低1.3%。因此，为了应对“后天”的考问，我们必须加快调整产业结构，大力发展第三产业，适当降低第二产业的比重，大力发展绿色经济、绿色产业、环保产业，努力实现经济社会可持续发展。

转变经济发展方式，经受“后天”的考问。转变经济发展方式，是在探索和把握我国经济发展规律的基础上提出的重要方针，也是从当前我国经济发展的实际出发提出的重大战略。经济增长不等于经济发展。经济增长一般是对产业总量而言的，强调的是量的增加；经济发展不仅注重量的增加，更注重结构的改善和质量的提高，是质和量的统一。因此，为了应对“后天”的考问，我们必须努力实现由粗放型经济增长方式向集约型经济增长方式的转变，努力实现由片面追求GDP量的扩张向全面追求绿色GDP的转变，坚决摒弃“先发展，后治理”的经济发展模式。

改变能源消费结构，经受“后天”的考问。我国人类活动影响到气候变化的第一因素是煤炭的开采和在发电取暖中的应用。以燃煤为主的能源消费结构以及传统的工业生产和消费方式使我国的人居环境日趋恶化。现在我国部分发达地区已逐渐进入了“大众高消费时代”，人们片面追求大房子、高排放的车子，低碳的观念还没有深入人心，低碳经济社会还是一个遥远的目标。为了应对“后天”的考问，我们必须大力开发太阳能、风能、核能、生物能等清洁能源，并用清洁能源及相关产业替代化石能源及相关产业，真正实现能源消费的“革命”。

加快产业结构调整、转变经济发展方式、改变能源消费结构，是我们经受“后天”考问的三大法宝，也是各国政府以及每一个地球人应尽的职责和义务。只要我们着眼于未来，着眼于子孙后代，认真贯彻落实中共中央、国务院《关于完整准确全面贯彻新发展理念做好碳达峰碳中和工作的意见》，真正实现全面、协调、可持续发展、高质量发展，我们的“后天”就会山青青、水绿绿、天蓝蓝、人旺旺！

“后天”的考问（三）

“后天”的考问，要求我们调整产业结构。我国是一个资源匮乏的国度，人均占有量远低于世界平均水平，但随着产业化进程的推进，高能耗产业和项目不断增加，能源消费使用量不断上升，能源需求日益紧张，出现了“电荒”等能源不足的情况，这就迫切需要调整产业结构，淘汰落后生产力，促进节能减排，大力发展第三产业，适当降低第二产业比重，减少能源消耗，大力建设资源节约型、环境友好型社会。

“后天”的考问，要求我们发展低碳经济。所谓低碳经济，就是在可持续发展的理念指导下，通过技术创新、制度创新、产业转型等多种手段，尽可能减少高碳能资源消耗，减少温室气体排放，达到经济社会发展和生态环境保护双赢。在欧洲国家，低碳概念很流行，一些国家甚至在商品说明书上标明它的碳排放量，作为人们购买时的一个参考标准。我们也要向欧洲国家学习，让人们潜移默化地接受低碳生活的理念和方式，大力发展低碳经济、低碳产业、低碳项目，自觉经受住“后天”的考问。

“后天”的考问，要求我们开发绿色技术。过去强调提高劳动生产率，而现在强调对资源利用率和环境承载力的提高。我们应该鼓励绿色技术发展的相关标准和技术规范，进行技术革新改造，开发绿色技术，发展绿色经济，培育绿色产业，推动绿色发展，让绿色充满经济社会发展的每个行业、每个领域。

“后天”的考问，要求我们推广清洁能源。经济社会发展对资源和能源的要求持续增加，环境压力越来越大，能源已成为当前和今后经济社会发展的“瓶颈”。为此，必须大力开发水能、风能、核能、太阳能、生物能等清洁能源，并用这些清洁能源及相关产业替代石化能源和相关产业来提振经济。这是经受“后天”考问的必然选择和发展方向。

“天地转，光阴迫，一万年太久，只争朝夕。”在全球环境恶化的严峻形势下，我们必须调整产业结构、发展低碳经济、开发绿色技术、推广清洁能源，保护好地球，保护好环境，努力实现经济社会发展与生态环境保护的有机统一，从而有力应对“后天”的考问。

第五章

文化发展问题

大力发展中国文化创意产业刻不容缓

在当今世界，文化创意产业已不仅是一种理念，而且是一种崭新的产业发展模式，有着巨大的经济效益；是一种新兴的低碳产业，有着美好的发展前景。它已成为不少地区经济可持续发展的重要支柱，已经成为经济发展的新亮点。因此，我认为，大力发展中国文化创意产业刻不容缓。

大力发展中国文化创意产业，是转变经济发展方式的“推手”。文化创意产业最大的优势在于它是以人的智慧创作为主要的生产方式，不需要很多厂房、设备的投入，它是真正的低消耗、高产出的节能环保产业，是可持续发展的绿色产业。美国、日本、韩国、英国等国家的文化创意产业在其国内经济复苏中显示出巨大的生机和活力。近些年来，经济困难加剧，但我国的文化创意产业却在逆势中升温。文化创意产业发展十分有利于推动经济结构和发展方式的转变。

大力发展中国文化创意产业，是抢占文化发展制高点的“扶手”。文化创意产业虽然是新兴产业，但无“文化”，不成产业。有人说“文化是土壤，创意是种子，产业是果实”，这句话生动形象地形容了文化创意产业的特点。文化对文化创意产业的重要性可见一斑。我国有丰富的历史文化资源、革命文化资源、现代文化资源、传统文化资源。要抢占文化发展制高点，必须以大力发展文化创意产业为“扶手”，充分挖掘这些文化资源，打造中国文化品牌，引领中国文化发展潮流，为我国文化产业腾飞并屹立于世界各民族文化之林做出新的更大的贡献。

大力发展文化创意产业，是满足群众精神文化消费的“抓手”。伦敦曾经是世界工业中心，在最近30年间完成了华丽的转身——以创意产业为主的新兴产业异军突起，成为全球三大广告产业中心，全球三大最繁忙的电影制作中心之一和国际设计之都，而这一切都离不开伦敦人在精神文化上的消费贡献。随着休闲时间的不断增多，可支配收入的不断提高，人们对休闲产品与文化服务的需求也不断增加，而大力发展文化创意产业正好满足了群众在精神文化方面的期待。

文化创意产业是21世纪的朝阳产业。只要我们把它作为转变经济发展方式的“推手”不断推进其发展，把它作为抢占文化发展制高点的“扶手”不断扶持帮助，把它作为满足群众精神文化消费的“抓手”不断抓紧抓实，中国文化创意产业就会迎来高质量发展的春天，充满朝气，充满阳光。

文化创意产业的灵魂是创意

文化创意产业是指依靠创意人的创新思维、智慧、才华和技能，借助高新科技对文化资源进行创造与提升，通过知识产权的开发与利用，生产出高附加值的产品，具有创造财富和就业潜力的产业。有人这样形容文化创意产业：“文化是土壤，创意是种子，产业是果实。”由此可见，创意对文化创意产业至关重要，创意是文化创意产业的灵魂。

创意是文化创意产业具有原创力的前提。原创力是指不可复制的、排他的、新鲜的、独一无二的，反抗平庸、陈旧和重复的一种创造力。文化创意产业的产生没有创意是不行的。有了创意，才能使中国文化创意产业拥有原创力，才能催生出有新意的、高附加值的、可持续发展的文化创意产业。如果没有创意，文化创意产业将成为一潭死水，永远没有活力可言。“问渠那得清如许？为有源头活水来”，只有不断播下创意的种子、拥有强大的原创力，才能推动其蓬勃发展，使之成为经济可持续发展的重要支柱。

创意是文化创意产业提高竞争力的核心。竞争力是参与者双方或多方通过角逐或比较而体现出的综合能力。文化创意产业的竞争实质上是创意的竞争。谁能有更好的创意，谁就能拥有更大的竞争优势，谁就能获得更多的利润，谁就能占据产业的制高点。因此，创意是提高文化创意产业竞争力的核心。

创意是文化创意产业扩大影响力的关键。影响力是指文化创意产业对人类、对社会、对国家的影响。文化创意产业作为一个新兴产业，已经引起了高度重视，要使其成为我国的支柱产业，就必须扩大其影响力，其中最关键的便是要有创意。我国各地大兴“文化创意产业”风时，大多看到的是“产业”，却很少有人注意到其中最重要的是“创意”。没有新颖独特的创意，就不可能打造“中国迪士尼”“东方好莱坞”，我国的文化创意产业就不可能走出国门，走向世界，走向辉煌。没有创意的种子，就没有文化创意产业的诞生。

创意是发展中国文化创意产业的迫切要求。中国文化创意产业能否做到有创意，关系到文化创意产业能否蓬勃发展、欣欣向荣，关系到文化资源能否古为今用、洋为中用。没有创意，文化资源就难以进行创造和提升；没有创意，高附加值的文化产品就无从谈起；没有创意，创意经济的浪潮就不会到来；没有创意，文化创意产业就成了无源之水、无本之木；没有创意，文化创意产业就将是一个空壳的理念，毫无生机与活力，也不可能成为经济发展的新亮点。

创意是提高文化创意产业国际竞争力的根本保证。创意是原创力，没有创意，就不可能占据文化创意产业的制高点；创意是广泛影响力，没有创意，我国的文化产品就不可能赢得世界各国人民的喜爱；创意是核心竞争力，没有创意，我国的文化创意产业就不可能屹立于世界文化创意产业之林。

创意是文化创意产业的种子，是文化创意产业的灵魂。发展中国文化创意产业必须抓住创意这个关键，必须以创意为迫切要求，以创意为核心要素，以创意为根本保证，向创意要质量，向创意要品牌，向创意要效益！

发展中国文化创意产业关键在创新型人才

众所周知，创意是文化创意产业的灵魂，是文化创意产业的生命，而创意则来源于具有创新能力的创新型人才。因此，发展中国文化创意产业关键在创新型人才，关键在发现、培养、吸引和留住创新型人才。

发展中国文化创意产业关键在发现创新型人才。"世有伯乐，然后有千里马。千里马常有，而伯乐不常有。"或许，我们缺少的并不是千里马，而是能够发现千里马的伯乐。再好的马儿也需要有人赏识，否则便难逃被埋没的命运。试想，若不是当年刘备慧眼识珠、三顾茅庐，诸葛亮纵然有经天纬地之才，怕是也只能终老山林，当一辈子山野村夫罢了。现如今，我国文化创意产业正值用人之际，应该建立与市场经济相适应的具有竞争的人才选拔机制，让优秀的创新型人才能够脱颖而出，大胆使用，切不可浪费了原本就十分稀缺的创新型人才。

发展中国文化创意产业关键在培养创新型人才。要打造一批高层次、高水平的创新型人才不可能一蹴而就，需要我们悉心重点培养，并且要从娃娃抓起、从学校抓起、从文化企业抓起，在实践中培养人才。只有这样，我们才能拥有一大批既充分了解我国本土文化又极具创新意识的高素质创新型人才。

发展中国文化创意产业关键在吸引创新型人才。近代魏源曾提出“师夷长技以制夷”，至今依然具有极大的现实意义。我国的文化创意产业要“走出去”参与激烈的国际竞争，就必须吸收国外先进的技术和成功的经验。其中，吸引国外优秀创新型人才就是一种行之有效的方法。通过引进国外优秀人才，为我国文化创意产业注入新鲜元素，加强本土文化与西方文化的交流，使两者碰撞出新的火花，最终让我国文化创意产业更具生机和活力。

发展中国文化创意产业关键在留住创新型人才。俗话说：“人往高处走，水往低处流”，倘若不懂得如何留住人才，我们发现的、培养的、吸引的人才便会流失掉。由于创意本身具有一定的人身依附性，所以对于文化创意产业而言，人才的过量流失将会是致命的打击。同时，文化创意产业的运作模式也决定了其回报是有周期性的，这就需要有一个稳定人才的大环境。因此，我们必须将人才留住，留住人才的心。

人们常说，21世纪最贵的是人才，这话一点不夸张。文化创意产业的国际竞争拼的就是人才。因此，加强创新型人才队伍建设，是发展中国文化创意产业的当务之急，发展中国文化创意产业的关键是发现、培养、引进、留住创新型人才。

无“文化”不成产业

当今世界，文化创意产业作为新型产业、绿色产业、高经济效益产业、21世纪的朝阳产业，已经引起各国的高度重视。世界各国都在大兴文化创意产业，我国更是将其作为支柱性产业重点扶持，使其呈现出蓬勃发展之势。然而在各地大兴“文化创意产业”风时，大多看到的是“产业”，是产业总量，却忽视了文化的重要性。文化与产业二者之间的关系就像土壤与果实的关系，没有文化的土壤，结不出产业的果实，也就是说，无“文化”，不成产业。

无本土文化的挖掘，不成特色产业。中华上下五千年，所形成的本土文化不计其数，精品繁多，为文化产业的发展提供了肥沃的土壤。我国许许多多特色文化产业的形成和发展，都离不开对本土文化的挖掘和利用。例如，家喻户晓的电视剧《西游记》，经久不衰的动画片《葫芦娃》，还有闻名世界的戏剧产业等，无一不是建立在对本土文化的挖掘和利用上的，若没有对本土文化的挖掘，便成就不了它们的特色，成就不了它们的名誉。

无外国文化的引进，不成先进产业。为什么美国没有悠久的历史，却能在动画产业上成果不断？为什么中国拥有数千年的历史，动画产业效益却不尽如人意？中国要想实现文化产业的先进性，就必须引进外来文化，取其精华，去其糟粕。正所谓：“海纳百川，有容乃大。”只有这样，中国文化创意产业才会具有先进性，才会有独领风骚的一天！

无中西文化的融合，不成优秀产业。古今中外，文化的大发展、大繁荣都是在各民族文化的交流与融合之下形成的。古有唐代文化，今有美国文化，它们的大繁荣景象都是在广泛的交流中形成的，而正是这样的文化大繁荣，造就了各项文化产业的大发展，经济的大跨越。有一则有名的广告这样说道：“中西医结合疗效好！”其实中西结合效果好的事物不仅仅在于“医”，还在于人，更在于文化，中西文化的融合使文化产业更优秀。

文化是土壤，产业是果实。没有文化的土壤，就没有产业的果实。要想结出完美的产业果实，需要肥沃的土壤，需要挖掘本土文化、改进外来文化、融合中西文化。

让中国文化产品既叫好又叫“座”

文化创意产业作为有着巨大经济效益的21世纪朝阳产业，在全球形成了一股蔚为壮观的创意经济浪潮。瑞典家居用品驰名海外，韩国影视技术在世界首屈一指，美国好莱坞大名鼎鼎，日本动漫享誉全球……相比而言，我国的文化产品却很少有巨大的商业效益和国际影响。我认为，要发展文化创意产业，让中国文化产品既叫好又叫“座”，就必须从立足传统文化的土壤、增强自主创新的能力、完善文化产业的链条、加快海外推广的步伐四个方面做出努力。

让中国文化产品既叫好又叫“座”，必须立足于传统文化的土壤。传统文化是中国文化创意产业发展的肥沃土壤，在泱泱五千年的历史星河中，涌现出大量优秀的文化作品，它们都是在传统文化的土壤中孕育而成的。譬如，真正形成影响力的《大闹天宫》《小蝌蚪找妈妈》等动画片，都离不开传统文化的浸润。仅一部《西游记》就拍出了很多片子，这表明中国传统文化中有很多可供挖掘的素材。立足传统文化，才能展现中国特色，打造出既叫好又叫“座”的文化产品；离开传统文化，中国文化创意产业就成了无源之水，无本之木。

让中国文化产品既叫好又叫“座”，必须增强自主创新的能力。一味模仿他人的作品只会堆积越来越多的复制品，使人们审美越来越疲劳并逐渐失去兴趣。自主创新能力是文化创意产业的活灵魂。一部《阿凡达》重新点燃了人们对质量每况愈下的美国商业片的热情，原因在于电影《阿凡达》在世界电影史上首创使用3D拍摄技术，它让人们津津乐道于影片的视觉冲击，并有力地推动了3D技术的普及与发展。事实胜于雄辩，创新让《阿凡达》取得了巨大成功，这是大家有目共睹的奇迹。因此，要让中国文化产品既叫好又叫“座”，增强自主创新能力是最重要的一步。

让中国文化产品既叫好又叫“座”，必须完善文化产业的链条。每一部美国大片上市，几乎都会同步推出相关游戏、玩具、服装产品。完善的文化产业链，有效的市场化运作是美国商业片取得成功的秘诀。有关数据显示，国内制作一分钟动画片，平均成本在1万元以上，没有相关的衍生产品，光靠票房和收视率的传统经营方法，经常让制作商成本回收困难，导致资金链断裂，甚至不得不放弃一些优秀的素材。文化产业链的不完善，让我国文化创意产业发展深受掣肘。因此，要大力发展我国文化创意产业，让我国的文化产品既叫好又叫“座”，必须完善文化产业的链条。只有建立完善的文化产业链条，才能多出精品，多产效益，我国文化创意产业的发展才有希望。

让中国文化产品既叫好又叫“座”，必须加快海外推广的步伐。我国坚持“引进来”和“走出去”相结合的战略，实现了经济发展方式的重大转变和经济的飞速发展，取得的巨大成就让全世界瞩目。在文化创意产业的发展过程中，我们汲取了外来文化的精华，引进了国外发展文化创意产业的先进经验，更要注重坚持“走出去”战略，开拓国际舞台，加快海外推广的步伐。向全世界展示中国的优秀传统文化，让世界各国人民更加了解璀璨的中国文化和深厚的文化底蕴。只有这样，其国际竞争力才能得到全面提高，世界各国人民才会喜爱中国文化产品。

文化产品是中国融入世界主流文化的敲门砖，而文化创意产业为中国文化产品的发展注入了新鲜血液。只要我们立足于传统文化的土壤，增强自主创新的能力，完善文化产业的链条，加快海外推广的步伐，就能不断推动中国文化创意产业的蓬勃发展，就能创作更多既叫好又叫“座”的文化产品，使中国文化屹立于世界民族文化之林。

加快中国文化创意产业“走出去”的步伐

当今世界，文化创意产业已不再是一个理念，而是一个新的经济增长点，它有着巨大的经济效益，被视为21世纪的朝阳产业。美国好莱坞电影、瑞典家居用品、韩国影视作品、日本动漫产业，都是通过先进技术、创意优势和营销包装得到迅猛发展的，它们已经在全球创意经济的浪潮中领先于我国。我们只有立足于传统文化、培养创新型人才、完善文化产业链条，才能加快中国文化创意产业“走出去”的步伐，增强中国文化创意产业的国际竞争力。

立足传统文化，加快中国文化创意产业“走出去”的步伐。我国是一个文化大国，拥有历史悠久的传统文化，各民族、各地区都拥有各具特色的民族文化和地方文化。这些优秀文化资源是其他国家所无法比拟的，它们容易引起外国人的兴趣，成为我国文化创意产业的核心竞争力。比如，我国把古典名著《西游记》翻拍成电视剧，一时间，许多国家都争相引进。“民族的才是世界的。”只有立足于传统文化，以各具特色的中国民族文化为依托，才能在世界文化创意产业的竞争中树立自己的标识和旗帜，才能走出不能被效仿的中国文化创意产业的特色之路。

培养创新人才，加快中国文化创意产业“走出去”的步伐。放眼世界，我国文化创新产业虽然有着中国传统文化这片肥沃土壤的培育，却还是与许多发达国家有较大的差距。我国的文化创意产业为什么“走不出去”，为什么“走不快”？其根本原因就是我国的文化创意产品缺乏创意，缺少创新型人才。以动漫产业为例，我国的几部优秀的原创动漫作品已经问世很多年了，但直到现在还没有更多新的突破，甚至一个题材拍来拍去，拍了很多版本。我国的文化创意产业，只有依靠创新型人才，把我国优秀的传统文化和现代文化作为原材料，加上创意的种子，才能真正得到蓬勃发展。继而走出国门，屹立于世界文化创意产业之林，为其他国家的人民所接受和喜爱。

完善产业链条，加快中国文化创意产业“走出去”的步伐。我国文化创意产业要想实现高质量发展，在国际上具有竞争力，必须有强大的经济支持作为后盾。然而，我国的文化产业链条还很不完善，光凭票房和收视率的资金回笼方式很难实现稳健快速的发展，很容易造成资金链的断裂。这就需要政府、企业和全社会的合力推动，更需要文化创意产业企业加强市场化动作，完善产业链，从而为加快我国文化创意产业“走出去”的步伐提供坚强后盾。

文化、创意和产业，是文化创意产业持续快速健康发展的三大要素，也是发展文化创意产业的三个着力点。我们只有深入中国文化的土壤，播下创意的种子，形成产业的链条，文化创意产业才能实现科学跨越，才能“走出去”，走向世界，走向未来，走向辉煌！

第六章

行业自律问题

为“诚信自律公约”叫好

“行业自律是非常必要的，但它不能解决商品质量和价格方面的一切问题”，这句话非常有道理、有内涵。

虽然我国各行业大多建立了行业自律协会，有行业自律公约，却频频出现各类尴尬：某市7家液化气经销企业联合拟定的行业自律公约规定统一气价，并联合上调2元的单价；牙膏行业用“全国牙防组”所做的认证，居然是一个没有认证资格的认证。行业为了追求自身利益，不惜集体蒙骗消费者，“团结”起来坑害消费者，他们操纵价格，虚假认证，假冒伪劣等，这都是行业和行业企业缺乏诚信的表现。因此，要让行业与消费者和谐共存，要让商品物美价廉，要让行业可持续发展，制定和践行行业“诚信自律公约”很有必要。

“诚信自律公约”是行业企业之间的一个诚信自律多边协议。践行“诚信自律公约”，诚信是基础，平等是原则，自律是保证，互利是目标。

“诚信自律公约”以诚信为基础。诚信，是指行业企业相互之间诚实守信，也指对消费者守诚信。以次充好、伪冒名牌，就是不诚信的表现，直接伤害了同行利益，伤害了消费者，甚至损害了整个民族的形象。因此，诚信是行业企业经营发展的前提和基础，没有诚信的行业，就谈不上“高质量”，谈不上“优服务”，更谈不上“物美价廉”。

“诚信自律公约”以平等为原则。平等，就是行业企业之间地位平等，竞争平等，享有的国家政策平等，在法律面前平等。在公平的大环境下，企业只有通过提高生产效率、产品质量和服务水平来赢得市场，才能推动企业和行业健康发展，使消费者成为最终受益者。

“诚信自律公约”以自律为保证。自律，不仅要求行业企业自觉遵守法律法规及行规公约，诚信本身也需要自律。有了行业自律公约可规范行业企业行为，有了“诚信”要求可维护行业和消费者利益，但如果缺乏“自律”，那么“公约”就成了一纸空文，“诚信”就成了“空头支票”，一切将变得毫无意义。因此，只有用自律做保证，才能解决商品质量和价格方面的诚信问题。

“诚信自律公约”以互利为目标。互利就是“共赢”，这个“利”是短时间的财源滚滚，更是长时间的“细水长流”。创造财富是行业企业的共同目标。如果想要长期稳定、持续地创造财富，获得利润，就必须坚持以诚信为基础，以平等为原则，以自律为保证，合力维护诚信自律。只有这样，才能真正实现行业的长足发展，真正维护消费者的合法权益，从而从根本上解决商品质量和价格方面的诚信问题。

依靠法治，解决商品质量和价格问题

解决商品的质量和价格问题，行业自律是非常必要的，但仅仅依靠行业自律是不够的。行业自律是指行业协会和企业在经济交往活动中自发地约束自己的商业行为，这种自律往往具有自发性，不具有强制性。与行业自律相比，法治具有更高的保障性和强制性。因此，解决商品质量和价格问题，除了需要行业自律，更需要依靠法治，也就是说，要从完善立法、严格执法、公正司法、自觉守法四个方面下功夫。

完善立法，解决商品质量和价格问题。不完善立法，就会出现许多问题无法可依，也容易导致有些人钻法律的空子。有完善的法律，才能通过法治解决现实中的商品质量和价格问题。被誉为中国入世后“反倾销第一案”的铜版纸反倾销案，是自《中华人民共和国反倾销条例》生效实施以来依据该条例立案调查的第一起反倾销案件。试想，如果没有完善的立法，没有反倾销条例，那我国国内的铜版纸企业在面对国外企业倾销商品时，就会无计可施，无路可走。有了完善的法律，我们的企业才能在不公平的市场环境下，拿起法律的武器保护自己，维护自身的合法利益。

严格执法，解决商品质量和价格问题。商品的质量，尤其是食品的质量，是关系到人民群众切身利益的事情，在“地沟油事件”“三聚氰胺”奶粉事件中暴露出的食品质量问题的确令人非常担忧。为了杜绝类似现象的发生，需要执法部门严格执法，将黑心商贩一网打尽。在违法违规事件面前，执法人员绝不能徇私枉法，绝不能手下留情，不能再让公众感叹：“一顿安全放心饭才是一件奢侈品。”

公正司法，解决商品质量和价格问题。一些商品质量和价格问题的解决往往要诉诸司法，而司法裁决的作出往往对违法违规行为起到威慑作用。在司法活动中，要像青天老爷包拯一样不畏权势，不贪赃枉法，公平公正地处理案件，使裁决的结果让受害者满意，使受罚企业服气。

自觉守法，解决商品质量和价格问题。在商品质量和价格问题上，不遵守法律法规的现象屡见不鲜，如伪冒名牌、以次充好、恶性价格战等，都是违法的表现。所有企业及其工作人员都不能触碰法律的底线，挑战法律的权威，在构建社会主义法治社会的时代背景下，更需要时时守法、处处守法，做一个遵纪守法的公民。

解决商品质量和价格问题，只有我们以行业自律为基础，以法治为关键举措和重要抓手，完善立法，严格执法，公正司法，自觉守法，才能从根本上解决商品质量和价格问题。

“四管齐下” 解决商品质量和价格问题

商品质量和价格问题关系到企业能否持续发展，关系到市场经济能否健康发展，关系到我国“走出去”战略能否贯彻实施。在解决商品质量和价格问题的过程中，必须使市场调节这只“无形的手”和政府的宏观调控这只“有形的手”相配合，把加快现代企业制度建设和强化社会外在监督相结合，合力解决商品质量和价格问题。

完善市场竞争机制，解决商品质量和价格问题。竞争是市场经济的基本特征，竞争机制是市场经济的关键机制。有竞争，才能激活市场，才能使企业不断提高劳动生产效率，才能使企业更加注重商品质量，从而使其以合理的价格争取市场份额，在瞬息万变的市场中立于不败之地。

加强政府宏观调控，解决商品质量和价格问题。单靠市场本身的调节是无法弥补市场经济的缺陷的，如陷入不正当竞争、龙头企业操纵价格等。因而，一方面，政府要完善立法，严格执法，依法规范市场秩序，依法整治以次充好、伪冒名牌等违法违规行为；另一方面，政府要加大对市场经济的引导、监督和调控力度，确保商品质量和合理价格，促进市场经济持续、快速、健康发展。

加快企业制度建设，解决商品质量和价格问题。建立制度是企业发展的方向，也是解决商品质量和价格问题的治本之策。为此，企业应该优化结构，转变经营管理方式，提升生产技术，从而提高产品的核心竞争力，不断改进和完善企业发展模式和运营机制。

强化社会外部监督，解决商品质量和价格问题。要解决商品质量和价格问题，除了要加强工商部门、质量监督部门等的职能监督，还要强化人民群众、消费者以及新闻媒体的监督。这有利于维持市场秩序，有利于保护全行业的利益。

解决商品质量和价格问题是一项长期而艰巨的任务。只要我们完善市场竞争机制，加强政府宏观调控，加强企业制度建设，强化社会外部监督，商品质优价廉的目标就一定能实现。

第七章

安全生产问题

安全是人民群众的最大利益

近些年，我国安全生产事故虽然在逐步减少，但一直没有杜绝。小煤矿透水、住宅楼坍塌、桥梁断裂、花炮厂爆炸……由于安全生产事故对人民群众的生命财产造成了巨大伤害，因此被称为和平年代的“第一杀手”。

党中央和国务院高度重视，多次对安全生产问题作出具体指示，要求各级领导干部从政治的高度，从对人民生命安全负责的高度，抓好安全生产工作。令人遗憾的是，往往是在处理完一个事故之后不久，甚至一个事故还没有处理完，又出现了新的安全事故。

分析其中原因，我们痛心地发现，非常关键的一条，就是一些地方和单位对中央的要求有令不行，有禁不止。一些地方对安全生产的重视依然停留在口头上，写在文件里，挂在墙壁上，骨子里却认为无所谓。因此，对安全生产的措施，该落实的没有去抓落实，该严格的没有严格起来，该处理的没有严肃处理，敷衍塞责，应付了事，搞形式主义。大量事实一再证明，几乎每一起事故的背后，都存在严重违规的问题。对此，有关领导干部和管理部门不是睁一只眼闭一只眼，就是敷衍了事，简单走过场。更为严重的是，有的领导干部和管理部门甚至和生产单位结成利益共同体，为了钱，为了个人的政绩草菅人命；更有甚者，知情不报，隐瞒事故，放任、纵容有关生产者。这无疑也是一种危害极大的腐败行为。

屡屡发生、屡禁不止的安全生产事故已向人们昭示，必须痛下决心，让安全生产成为一条高压线，谁触电，谁自负后果。对负有领导责任的人，该处罚的要坚决处罚，该罢免的要坚决罢免，该判刑的要坚决判刑。只有这样，政令才能畅通，才能做到令行禁止，确保生产安全，确保人们的生命安全。

人命关天，人民群众的利益高于一切。如果人民群众连生命安全这个最基本的人权都没有保障，我们还有什么理由奢谈维护最广大人民群众的根本利益？因此，在管理和检查安全生产过程中，各级领导干部一定要以对党对人民高度负责的精神，严格要求，严格管理，严格监督，从改革、发展、稳定的大局出发，抓安全、保稳定、促发展，真正把人民群众的安全放在心坎上，落实在行动上。

加强安全生产监督，提高基本公共服务能力

如何让人民吃得安心、住得舒心、医得放心，是摆在各级政府及其工作人员面前的一项非常重要而紧迫的政治任务。而要完成这项政治任务，就必须加强安全生产监督，提升基本公共服务能力。

加强安全生产监督，提升政府基本公共服务能力，让人民吃得安心。民以食为天，政府应该以确保食品安全为天，加强对食品安全生产监督，提升基本公共服务能力，鼓励、支持、引导食品企业和农民生产绿色食品、环保食品，让人民吃得安心。

加强安全生产监督，提升政府基本公共服务能力，能让人民住得舒心。有新闻报道，一名女士带着自己的孩子去医院检查，发现孩子居然得

了白血病。经过检测，发现他们家的空气中甲醛含量严重超标，而释放甲醛的却是已经用了八年之久的家具，这多么令人吃惊！因此，必须加强安全生产监督，提升政府基本公共服务能力，确保建筑材料、装修材料、家具电器符合环保标准，让人民住得舒心。

加强安全生产监督，提升政府基本公共服务能力，能让人民医得放心。假药、劣药直接危害人民群众的生命健康和安全，直接损害消费者的切身利益，直接影响社会的和谐与稳定。毒胶囊事件令全国震惊，引起全国人民的恐慌，让人民产生有病也不敢吃药的恐惧心理。要防止类似事件的发生，必须依法加强安全生产监督，提升政府基本公共服务能力，依法从严从重惩治假药、劣药生产商，使之身败名裂、倾家荡产，让人民医得放心。

让人民吃得安心、住得舒心、医得放心，是政府的职责和义务。政府有关部门必须加强安全生产监督，提升基本公共服务能力，努力实现全体人民用餐安全、住房安全、用药安全，不断提高人民生活的安全系数和幸福指数。

第八章

全民健康问题

健康是福

“福是什么？福不是金山银山，而是寿比南山。”这是现代人，特别是身患疾病的人经常挂在嘴边的一句话。它反映了现代人正确的健康观，也反映了健康对人们的极端重要性。不仅个人需要“寿比南山”，国家、社会和家庭也需要“寿比南山”。健康对国家、社会、家庭和个人的重要性，就像皮对于毛一样，健康是皮，其他一切都是毛，皮之不存，毛将焉附？因此，健康是福，是国家之福、社会之福、家庭之福、个人之福。

健康是国家之福。常言道：“国家兴亡，匹夫有责。”匹夫能否担责，首要的关键性因素就是健康。据世界银行的有关测算，我国经济增长的30%～40%都归功于人民健康素质的改善。每年我国人民因疾病、损伤和过早死亡造成的经济损失相当于GDP的8.2%，相关医药费用消耗相当于6.4%。由此可见，国家强盛需要人民健康作为坚强后盾，健康是国家强盛的前提和基础，也是国家强盛的关键和保证，是国家之福。

健康是社会之福。当今社会，看病难、看病贵的问题已经成为政府、公众和媒体普遍关注的焦点问题。病人多了，看病自然就难了、贵了，百姓的抱怨自然也就多了，不和谐的因素就增加了。相反，病人少了，看病自然就容易了、便宜了，百姓的抱怨自然就少了，医患纠纷也就少了。

可见，民众的健康能够减少社会矛盾和问题，能够融洽社会关系和情感，能够促进社会和谐与稳定，是社会之福。

健康是家庭之福。我们经常听到这样的故事：一个三口之家，过着幸福美满的生活，而子女突如其来的疾病，打破了这个幸福美满家庭的平静。从此，全家走上了就医寻医之路，有的一走就是好多年，最终仍无结果；有的过着逃亡般的生活，最终负债累累；有的因无钱治病，最后闹得家庭破裂、妻离子散……由此可见，健康对一个家庭来说是多么重要、多么宝贵、多么幸福的事。

健康是个人之福。健康是个人的一种状态，体现为强健的体魄、乐观向上的精神状态以及良好的社会适应能力。没有强健的体魄，我们就不能正常地学习和工作，甚至连基本的生活都没有办法保障；没有乐观向上的精神状态，我们就会萎靡颓废，愁眉苦脸，怨天尤人，这样的生活恐怕是一片漆黑的；没有良好的社会适应能力，我们就不能与他人进行良好的沟通，不能正确面对生活中的各种挫折与失败，最终只会使工作生活一团糟。因此，健康是立足社会的基石，是不断前进的动力，是事业成功的关键，是个人莫大的幸福。

曾经有一位西方哲人说过："只有病人才懂得健康的重要。"有多少人曾经奉行"宁要金山银山，不要寿比南山"的信条，他们患病之后才知道健康是"1"，金钱等身外之物都是"0"。请记住一条真理，健康是福，没有健康就没有一切。

健康是本钱

身体是革命的本钱。习近平总书记强调，实现"两个一百年"奋斗目标，必须坚持以人民为中心的发展思想。经济要发展，健康要上去。人民群众的获得感、幸福感、安全感都离不开健康。要大力发展健康事业，为广大老百姓健康服务。一个人只有身体健康，才能勤奋学习，努力工作，幸福生活。全民健身人人有责，个人健康关系全局。如果国民个人不健康，如何实现国家强盛、社会和谐、人民幸福的伟大目标？

健康是勤奋学习的本钱。俗话说："活到老，学到老。"对于每个人来说，首先是要"活到老"，"活到老"是健康的主要标志。加强体育锻炼，增强身体素质，是保障学习时间和效率的物质前提。有了强健的体魄、乐观向上的精神状态以及良好的社会适应能力，就能"让学习伴随一生"，就能像歌曲唱的那样："我能想到最浪漫的事，就是陪你一起慢慢变老。"因此，健康是勤奋学习的基础和保证，是勤奋学习的本钱。

健康是努力工作的本钱。我国著名体育教育家马约翰，在校工作52年，不仅践行了"为祖国健康工作五十年"的信念，也教导并激励着一代又一代清华人积极参加体育锻炼，使他们有良好的身体和精神状态为祖国努力工作。当今社会，许多先进人物因公操劳过度，带病坚持工作，有的甚至献出了自己宝贵的生命，他们这种拼命工作的精神值得我们认真学习。但是，让我们感动敬佩之余也不禁生出些许反思和遗憾：党和国家的确需要这样的英雄，但更需要能长期艰苦奋斗，不断奉献自己光和热的"长明灯"。不然空留"但悲不见九州同"的豪情，岂不悲哉？由此可见，健康是努力工作的不竭动力，是努力工作的本钱。

健康是幸福生活的本钱。健康是福，不健康本身就是一种痛苦，并且不仅自身痛苦，家人也痛苦。总角之际，天真烂漫，享受童真是幸福；豆蔻之际，青春活泼，无忧无虑是幸福；弱冠之际，学业有成，前程似锦是幸福；而立之际，成家立业，意气风发是幸福；不惑之际，事业有成，功成名就是幸福；知命之际，洞察世事，人情练达是幸福；花甲之际，含饴弄孙，功德圆满，不留遗憾是幸福。幸福生活如斯，夫复何求？如无健康为本，这一切的幸福就会像"水中月，镜中花"，瞬间成为泡影。因此，健康是幸福生活的源泉，是幸福生活的本钱。

2014年12月13日，习近平总书记在江苏镇江市丹徒区世业镇卫生院调研时指出："没有全民健康，就没有全面小康。"[①]只要我们加快实施健康中国行动，加强身体锻炼，确保身心健康，就一定能获得勤奋学习，努力工作，幸福生活的本钱，就一定能实现人生红利最大化，全心全意为人民服务。

对自己的健康负责

人民健康是社会文明进步的基础，是民族昌盛和国家富强的重要标志。然而，有一些人认为，健康与否是自己的权利，他人无权干涉。他们不知道，每一个人都不是孤立的，一个人的健康往往与他人、家庭、社会息息相关，所以我们必须正确认识自身健康的重要性、必要性和紧迫性，对自己的健康负责。

对自己的健康负责，就是对自身负责。很多国人总是喜欢找借口，将自己的责任全部推给外界，这样自己就不用负责了。我们经常听到一些病人埋怨：吃的食物不够卫生，喝的水不够纯净。似乎自己只是一个受害者，什么环境污染，什么食品添加剂，什么农药残留，等等，都是威胁自己健康的主要原因。可是，难道我们自身就不用负责了吗？为了开心的酒会，不醉不归；为了好看的电影，彻夜不睡；为了朋友的聚会，烤肉烧酒……这些不都是对自己不负责的表现吗？因此，对自己的健康负责，就要掌握健康的基本知识，践行健康的生活方式，培养健康的基本技能，提高自身的健康素养。

① 习近平：《为中华民族伟大复兴打下坚实健康基础——习近平总书记关于健康中国重要论述综述》，《人民日报》2021年8月8日。

对自己的健康负责，就是对家庭负责。对健康负责，不仅是对自己的健康负责，也包括对家庭成员的健康负责。作为父母，不能将不可承受的压力让自己的子女来承担；作为子女，不能让自己的父母增添劳苦；作为丈夫和妻子，不能让自己的爱人承担痛楚。健康是人体的一种状态，表现为强健的体魄、乐观向上的精神状态和良好的社会适应能力，这三个方面缺一不可，缺乏任何一个方面都是对家庭不负责的表现。

对自己的健康负责，就是对社会负责。一位健康专家说，一个对自己的健康都不负责任的人，还能指望他为社会做多大贡献吗？对于一个失去健康的人来说，培育子女、赡养老人、工作劳动、服务社会等都将受到影响，甚至难以实现。因此，保持身心健康是实现人的自身价值和社会价值的重要基础。人是社会的人，人与社会的联系日益紧密，相互之间的依赖程度不断提高，个人的健康已深深地关系到集体和社会的利益。从这个意义上来说，健康不仅是一种个人需求，更是一种社会责任。

健康是个人全面发展的基础，是家庭幸福安康的保障，是社会和谐发展的前提。对自己的健康负责，就是对自身负责、对家庭负责、对社会负责。国民健康，人人有责。只有我们加强健康管理，切实承担起健康的责任，我们的家族才能更加兴旺发达，我们的民族才能更加繁荣昌盛，我们的社会才能更加和谐统一！

第九章

建设生态文明问题

提高认识　建设生态文明

建设生态文明是全面建设社会主义现代化国家的题中应有之义。从建设社会主义物质文明、精神文明、政治文明到生态文明，再到碳达峰碳中和的承诺，这是中国共产党发展理念的又一次升华，是中国共产党对社会主义理论内涵的进一步丰富和完善，彰显出党的执政新思维，体现了党的先进性，也代表了广大人民群众的共同愿望。我认为，要实现生态文明建设的奋斗目标，必须坚决克服“四种不良情绪”，努力达到“四个深刻认识”。

坚决克服厌倦情绪，深刻认识建设生态文明就是讲政治。多年来，我们通过持续开展各类创建活动，取得了一系列成绩。但也有一些同志对生态文明创建活动滋生厌倦情绪，认为“这创建、那创建，创建没个完，劳民又伤财”。为此，我们要充分认识到，生态文明作为一种崭新的文明形态，直接体现着一个国家、一个地区政治文明的程度和水平；它是中国特色社会主义事业总体布局的重要组成部分，是我国政治文明发展的内在要求和强力杠杆。生态文明建设绝不是一个简单的创建问题，而是一个极其严肃而重大的政治问题、一项极其严肃而重大的政治任务。

坚决克服自满情绪，深刻认识建设生态文明就是促发展。建设生态文明，是我们走新型工业化道路，加速转变发展方式的有效途径。我国的自然禀赋不足与资源型经济比重较大之间的矛盾还相当突出，高效节约的文明产业体系、绿色健康的文明生活方式还未真正建立和完全形成，国民的生态文明意识和行为还没有达到应有的层次，建设生态文明刻不容缓，我们没有任何骄傲自满的资本和止步不前的理由。

坚决克服畏难情绪，深刻认识建设生态文明就是增后劲。不少同志虽然对生态文明建设有了一定认识，但又深感这需要付出长期艰苦的努力，而且稍一放松就会“回弹”，因而流露出“既想搞又怕搞”的思想。还有一些同志担心搞生态文明建设会冲淡或影响当前“保增长促发展”的主基调。事实证明，建立在高消耗基础上的粗放式增长，就像建造在沙滩上的高楼，随时都有倒塌的危险，只有建立在生态文明基础上的可持续发展，才具有牢不可破的强大后劲。我们保的是可持续的增长，促的是可持久的发展，建设生态文明，正是“保增长促发展”的最有力、最有效举措。因此，生态文明建设不是可抓可不抓或者可以慢慢抓，而是非抓不可，非立即抓、抓彻底不可，一旦贻误战机，以后就要付出惨重的高成本代价。

坚决克服敷衍情绪，深刻认识建设生态文明就是重民生。虽然我国不断加大环境保护和生态建设力度，基础设施日益完善，城乡环境面貌持续改善，但随着物质生活的不断丰富，人民群众对高品质生活质量、原生态生活环境的追求日益强烈。生态恶化，人人受害；生态优良，世代享受。党员干部要以高度的政治责任、严谨的科学态度、务实的工作作风，全面推进生态文明建设，努力“让人民群众喝上干净的水、吸上清新的空气、吃上放心的食物，在良好的环境中生产生活”。

建设生态文明

建设生态文明，实质上就是要建设以资源环境承载力为基础、以自然规律为准则、以可持续发展为目标的资源节约型、环境友好型社会。建设生态文明、保护生态环境，是当代中国一项重大而紧迫的任务。习近平总书记指出："生态兴则文明兴，生态衰则文明衰。[①]"人们不会忘记，曾经盛极一时的古埃及文明、古巴比伦文明等所经历的由繁荣走向衰败的悲剧，在很大程度上是因为这些地区人与自然的矛盾日益尖锐，导致生态破坏和环境恶化，使得文明被淹没在历史的尘埃中。前车之鉴，要时刻牢记。在经过了几十年的经济高速增长后，我们取得了举世瞩目的发展成就。同时，我们也要看到，我国的生态形势仍然十分严峻。历史与现实都警示我们，必须超越传统工业文明的发展模式，摆脱先污染后治理的老路，走出一条生产发展、生活富裕、生态良好的文明发展道路，在推动经济社会高质量发展的同时给老百姓一个美好生活家园，让天更蓝、水更清，给子孙后代留下蓝天白云、绿水青山，实现经济社会永续发展。

建设生态文明，更新思想观念是前提。要使生态文明观深入人心，在全体公民中强化我国人口多、人均资源少、环境形势严峻的国情意识；强化经济效益、社会效益、生态效益相统一的效益意识；强化经济指标、资源指标和环境指标、人文指标全面发展的政绩意识；强化环境就是资源、环境就是资本，破坏环境就是破坏生产力，保护环境就是发展生产力的环保意识。在全社会形成了解国情、珍爱环境、保护生态、崇尚自然、节约资源、造福后代的共识，使生态文明观念成为全国人民共同的价值观念和自觉行动。

---

① 习近平：《十九大以来重要文献选编》（上），中央文献出版社2019年版，第444页。

建设生态文明，转变经济发展方式是关键。要真正把思想和行动统一到科学发展观上来，统一到经济又好又快发展的要求上来，树立保住绿水青山也是政绩的理念，把产业结构调整与节约资源和保护生态环境结合起来，走中国特色新型工业化道路，大力发展循环经济，推进产业结构优化升级，加快经济发展方式转变，逐步改变产业结构不合理、经济发展方式粗放的状况，达到经济发展和环境保护的双赢。

建设生态文明，实行严格的制度是保障。完成硬指标要出硬招数，不动真格换不来蓝天碧水。要实行严格的环境资源保护制度，严肃法律制度、环境标准、执法纪律、执法手段，建立健全节能目标责任和评价考核制度，将能耗降低和污染减排完成情况纳入经济社会发展综合评价体系，实行政绩督察制和行政问责制，对那些我行我素、无视法纪、严重破坏生态环境的人要坚决惩处，杜绝一切环境违法行为，绝不允许“少数人发财、人民群众受害、全社会买单”的情况再出现。

习近平总书记强调，生态文明建设是关系中华民族永续发展的千年大计。① 建设生态文明是全社会共同的理念，也是全社会共同的责任。当建设生态文明成为我们每一个社会成员的自觉行动时，青山不老，绿水长流，人与自然共和谐的美景就一定能够实现，碳达峰碳中和的目标就一定能达到。

加强生态文明建设之我见

生态文明，是指人类遵循人、自然、社会和谐发展这一客观规律而取得的物质与精神成果的总和；是指以人与自然、人与人、人与社会和谐共

---

① 习近平：《十九大以来重要文献选编（上）》，中央文献出版社2019年版，第443页。

生、良性循环、全面发展、持续繁荣为基本宗旨的文化伦理形态。生态文明将促进经济社会全面、协调、可持续、高质量发展。

加强生态文明建设，指导思想是新发展理念。以新发展理念为指导建设生态文明必须从思想意识上实现三大转变：必须从传统的“向自然宣战”“征服自然”等理念，向树立“人与自然和谐相处”的理念转变；必须从粗放型的以过度消耗资源破坏环境为代价的增长模式，向增强可持续发展能力、实现经济社会又好又快发展的模式转变；必须从把增长简单地等同于发展的观念、重物轻人的发展观念，向以人的全面发展为核心、以人为本的发展理念转变，努力推动创新发展、协调发展、绿色发展、开放发展、共享发展。

加强生态文明建设，关键是如何发展。高质量发展，才能不断满足人民群众日益增长的美好生活需要。生态文明要求人类选择有利于生态安全的经济发展方式，建设有利于生态安全的产业结构，建立有利于生态安全的制度体系，逐步形成促进生态建设、维护生态安全的良性运转机制，使经济社会发展既满足当代人的需求，又对后人的需求不构成危害，最终实现经济与生态高质量发展。

加强生态文明建设，核心是人与自然和谐相处。生态文明是在人类历史发展过程中形成的人与自然、人与社会环境和谐统一、可持续发展的文化成果的总和，其本质特征是人与自然和谐相处的文明形态。人与自然和谐相处既是生态文明的核心价值理念和根本目标，也是建设生态文明的评价标准。

加强生态文明建设，目标是不断提高人的生活质量。坚持以人为本，把最广大人民的根本利益作为生态文明建设的出发点和落脚点，把生态文明建设的目的落实到改善人民生活上，坚持做到发展为了人民，发展依靠人民，发展成果由人民共享，让人民群众充分享受经济发展的成果。

加强生态文明建设，基本途径是加强生态文化建设。生态文明建设要求全社会履行维护生态安全的责任和义务。现实社会中资源和环境危机的实质在很大程度上是由于文化观念和价值取向出现偏差造成的。“生态效益高于一切”是生态文明教育的核心理念和所遵循的最高价值。生态文明倡导的社会消费模式应当是低碳、低消费、生态化、俭朴、健康而有益。

总之，我们必须按照以习近平同志为核心的党中央的要求，把生态文明建设作为中国共产党贯彻全心全意为人民服务宗旨的政治责任、作为一项重要政治任务、作为满足人民群众对美好生活需要的重要内容、作为中国走向世界舞台中央，为世界发展提供中国道路、中国智慧、中国方案的重要内容，和世界各国人民一道，努力建设山清水秀清洁美丽的世界，携手共建生态良好的地球美好家园。

第十章

网络媒体问题

互联网开启了新时代

互联网作为当今社会的一种重要的信息传递工具，广泛地应用于我们的学习、工作、生活当中，也为改善我们的生活、转变我们的工作方式、提高我们的工作效率发挥了重要作用。互联网已经成为中国公民参政议政、表达诉求的重要平台，开启了人民民主、畅通社情民意、全民反腐的新时代。

互联网开启了人民民主新时代。我国的国体是中国共产党领导的人民民主专政的社会主义国家。人民民主专政体现人民当家做主这一本质。许多党员干部通过互联网与网友在线交流，问候网友，倾听民意，把互联网作为办事情、做决策、了解民情、汇聚民智的一个重要渠道，非常关注并切实解决网友提出的一些建议、意见。此举堪称具有丰富的时代内涵，是中国从党内民主到人民民主的一个重大进步。

互联网开启了畅通社情民意的新时代。社情，即现阶段社会的总体情况，包括百姓的衣、食、住、行等方面的情况，社会经济发展运行的情况等。民意，即人民的意见、想法。畅通社情民意，有利于国家有关政策的正确制定，有利于社会经济的发展，有利于营造和谐安定的社会环境，有利于提高人民群众的幸福感、安全感。互联网不发达时，了解社情民意的方式一般有听取报告、实地调研、开展走访。当互联网融入人民生活后，在畅通社情民意方面，互联网的优势得以体现出来，在符合法律法规的前提下，群众可以随时随地通过发帖子、写博客等形式自由表达意愿，并对党和政府的政策提出意见和建议，而政府官员可通过网站与网友直接交流，让老百姓有话可以在网上说，降低了官员与群众沟通的难度，拉近了干部与群众的距离，增强了群众参政议政的兴趣，拓宽了群众的言路，为政府决策提供了更多具有建设性的意见。

互联网开启了全民反腐的新时代。腐败问题，是一个客观存在的现象；反腐工作是上至中央下至地方十分重视的政治工作。如果放任腐败滋生是要亡党亡国的，腐败问题必须引起高度警醒。一项调查显示，87.9%的网民非常关注互联网监督；当遇到社会不良现象时，99.3%的网民会选择互联网曝光，互联网已成为群众反腐的一种选择。从层出不穷的互联网曝光，使得大批官员被立案调查、被处理，表明互联网反腐已成为一种监督权力运行的手段。我们看到了互联网反腐积极的一面，互联网反腐有利于转变干部的工作作风，有利于警醒其他干部，有利于维护政府形象，有利于维护社会公平正义。

互联网使我们的生活发生了翻天覆地的新变化，给我们的生活带来了莫大的方便，但我们要清醒地认识到互联网是把“双刃剑”，既可以方便群众，也会伤害到无辜的群众。同时，我们可以清晰地感受到互联网已成为我们生活中不可分割的一部分，开启了发扬人民民主、畅通社情民意、全民反腐的新时代。

构建充满活力、和谐有序、建设性的网络民主平台

网络为人们参与社会的公共生活乃至政治生活，提供了崭新的、广阔

的平台，大大地提高了人们参与社会政治的广泛性、平等性和主动性，深刻地改变了人们的社会政治参与模式，为现代民主政治与公民社会的发育和完善提供了新的条件。在全球信息化的浪潮中，我国网络社会发展迅猛。充分利用好网络民主这个平台，对于有效保障和实现人民的知情权、参与权、表达权、监督权，推进中国特色社会主义民主政治建设具有十分重要的意义。

网络民主作为信息化条件下出现的新生事物，发展尚属雏形，发育还不完善。网络是一把“双刃剑”。《世界是平的》一书也指出，网络既有建设性的作用，也有破坏性的作用。运用得好，可以成为促进社会现代化的加速器，发展社会主义民主政治的新平台；运用得不好，也可能成为影响社会和谐稳定的策源地。这些年来，在某些领域还存在网络谣言、网络恶意攻击现象，甚至一些敌对势力利用网络进行渗透破坏，不仅影响了网络民主健康有序地发展，而且造成了一些社会问题甚至威胁到国家安全。对此，包括网民在内的所有人，都要引起高度重视，切不可掉以轻心。各级党委政府必须顺应网络民主发展的特点和规律，正确对待和推进网络民主建设，努力构建充满活力、和谐有序、建设性的网络民主平台。

要以开放的视角去对待和推进网络民主。开放是网络社会的生命所在。对待网络民主，不能采用封闭的视野、僵化的思维和单纯强制的管理方式，而要有开放兼容的思想理念，允许探索，允许失败，甚至允许犯错误，让各种网络现象、网络意见和网络事物在相互对比、充分竞争中发展，从而让代表网络社会进步的主流力量茁壮成长。

要以平等的心态去对待和推进网络民主。平等是网络社会的价值所在。党委政府作为社会的管理者，不能高居于网络社会之上，要平等地深入网络民主之中，及时听取网上的民意反映、合理建议乃至批评意见，从而汲取营养，改进工作，充分发挥网络民主对公共权力的监督作用，提高科学执政、民主执政、依法执政的能力。

要以法治的理念去对待和推进网络民主。法治是网络社会健康发展的内在要求，也是现代社会治理的基本准则。我国奉行依法治国，所以也必须依法治网。对网络社会的管理，要做到有法可依、有法必依、执法必严、违法必究，从而使网络社会在法治轨道上不断发展和完善。

构建充满活力、和谐有序、建设性的网络民主平台，需要广大网民与党委政府共建互信、互动、互补的和谐关系。

互信。无论是国家机关，还是网络社会主流，基本价值取向都是追求公平正义。这是互信的基础，也是互信的动力。当然，国家机关与网民由于所处的位置、考虑问题的角度和解决问题的着力点有所不同，在某些问题上的看法和要求会有差别，但这并不妨碍在互信的基础上求得和谐。

互动。国家机关要把网络社会的呼声作为民意诉求的重要信号，及时吸纳到决策中。同时，国家机关也要通过网络这个平台，及时传达权威信息，特别是在应对突发公共事件中，更需要及时发出自己的声音。对于一些重大决策，也可以通过网络听取大家的意见，并且通过网络及时传达到全社会。要做一些探索，在国家机关与网络社会二者之间构建起制度化的沟通渠道和机制，改变网络反映民意“自拉自唱”的局面。比如，国家机关可以定期收集一些互联网上议论比较集中的话题，给领导同志分析形势、研究问题、制定决策提供参考；也可以不定期约见在某些方面有独到见解的网友，共同讨论一些问题。总之，建立一个好的机制比单纯依靠好的领导更重要。

互补。要发挥网络社会植根民间大众的优势和快速反应的特点，更好地反映社情民意，表达群众诉求，使国家机关能够及时知情。同时，国家机关要充分利用掌握的公共资源和所具有的公信力，推动网络社会反映的社会公共问题得到解决，形成合力推动高质量发展，形成社会和谐的局面。构建充满活力、和谐有序、建设性的网络民主平台，需要广大网民以主人翁的姿态发挥更加积极的作用。

提高领导干部应对网络媒体的能力刻不容缓

我们所处的时代是网络时代，互联网已经成为中国共产党民主执政、科学执政、依法执政的一个重要载体。各级领导干部应该适应时代要求，站在深入贯彻新发展理念，推动高质量发展，构建社会主义和谐社会，建设社会主义民主政治，巩固党的执政地位的高度，深刻认识并提高自己应对网络媒体能力的重要性和紧迫性。

提高领导干部应对网络媒体的能力是做好群众工作的需要。领导干部能不能做好群众工作，关键是能不能倾听民声、了解民意，这是做好群众工作的前提。网络文化已经成为一种强势的大众传媒文化，大量直接的、真实的民意民声反映在互联网上，这就要求各级领导干部需要认真学习网络知识，切实掌握好网络发展的基本态势，充分利用好网络这个最快、最广、最强的交流平台，尤其是要经常上网了解情况、倾听呼声，与网民进行平等互动交流，并通过网络及时解决一些困扰老百姓的疑难问题，或责成相关部门及时给予解决。

提高领导干部应对网络媒体的能力是提高决策水平的需要。领导干部要做出正确的决策，必须要掌握第一手材料。而领导干部要了解情况，掌握实情、听到真话，只听汇报、看材料或者偶尔下基层调查远远不够，网络的时效性、信息的全面性以及民意的真实性，为领导干部科学决策提供了广阔的空间。同时，领导干部在决策过程中还可以通过网上听证、网络民意调查、网络协商、网络辩论等形式，扩大公民的参政渠道，让专家参与，让公众发表意见，使政府有效地集中群众智慧，从而更好地实现民主决策。决策实施后，领导干部还可以通过网络及时获得决策实施过程中的反馈信息，并据此完善或追踪决策；而公众也可以通过信息网络监督决策的运作过程和结果，促使领导干部依法决策。

提高领导干部应对网络媒体的能力是正确处理突发事件的需要。领导干部可以充分利用网络媒体即时性这一优势，在突发事件的信息披露方面独占先机。突发事件来临时，往往会出现群体性的心理恐慌，在这种情况下，及时有效地发布政府信息，能成为医治社会和人们心理创伤的“稳定剂”与“镇静剂”。领导干部还可以充分发挥网络媒体强大的舆论动员及组织作用。事实证明，面对突发事件，政府最需要动员民众时，以及当社会最需要各界凝聚力量时，网络媒体是值得信赖并能发挥重要作用的传播平台。网络媒体已经成为领导干部有效进行行政管理的有效工具和手段。

习近平总书记指出：“网民来自老百姓，老百姓上了网，民意也就上了网。群众在哪儿，我们的领导干部就要到哪儿去，不然怎么联系群众呢？各级党政机关和领导干部要学会通过网络走群众路线，经常上网看看，潜潜水、聊聊天、发发声，了解群众所思所愿，收集好想法、好建议，积极回应网民关切、解疑释惑。”[①] 只有这样，才能切实解决网民关心的焦点问题，不断提高应对网络媒体的能力，不断提高网络执政水平。

网络媒体作为一种社会新闻舆论传播的新型手段，已成为继报刊、广播、电视三大传统媒体之后的“第四媒体”，它以快捷、方便的沟通渠道，成为民意表达的重要集散地和公平平台，成为领导干部了解民情、听取民声、体察民意、汇集民智的重要媒体。在信息时代的今天，各级领导干部如何善待、善管、善用网络媒体，已成为必须研究解决的重大课题。

一要善待网络媒体。如今，网络已经成为非常重要的话语平台，网络正在中国的政治、经济和社会生活中扮演着不可缺少的角色，已成为人们学习、生活和工作的重要工具。作为领导干部应该像对待其他传统媒体一样善待网络媒体，高度重视互联网的建设、运用和管理。善待网络媒体需要以开放的胸襟去包容网络媒体，包容来自网络的各种声音，特别是那些

① 习近平：《在网络安全和信息化工作座谈会上的讲话》，《人民日报》2016年4月26日。

质疑和批评的声音。善待网络媒体还要积极参与到网络中去，一方面要加强对网络知识的学习，掌握使用网络的基本技巧和与网民沟通的基本方法，这不仅是领导干部提高自身素质成为新时期新型领导干部的需要，也是执政为民的需要；另一方面要积极应对网络对官本位和权力本位意识带来的冲击，把握网络媒体信息传递方式交互性这一最突出的特点，积极参与到网民关注和讨论的热点、焦点话题中，倾听网民的意见和建议并主动回复网民的问题，可采取开通个人博客、网友专线等方式，欢迎网民“拍砖”，从而达到沟通感情、解疑释惑、化解矛盾的目的。切不可平时不管不问，一旦出现“险情”却大惊小怪、无所适从或者严厉问责。

二要善管网络媒体。网络媒体虽然为我们提供了快捷的传播平台和积极的社会影响，但同时也带来了一些亟待解决的问题，需要各级领导干部善管网络媒体。首先，要高度重视、正确应对、积极引导，善于培育和建设网络舆论宣传工作队伍，完善网络舆论宣传和应对机制，牢牢掌握网络舆论宣传阵地，牢牢把握好网络舆论正确导向和话语权，善于抢占话语先机，早谋划、早预断、早发声、早造势，先声夺人、先入为主，增强话语主动权。其次，要有敏锐的洞察力、敏感的政治鉴别力和科学的判断力，形成主流意识，切忌人云亦云、丧失主见，要打击网络犯罪，确保网络安全。再次，要冷静应对，牢牢掌握舆论主动权，净化网络文化市场。在处理突出事件和公共危机以及热点、焦点、难点问题中，领导干部不能冲动，不能在了解事实真相之前随意发表支持和反对意见，更不能置之不理。要在第一时间了解事实真相，第一时间发布权威信息，及时发布准确、翔实的信息，有效疏导民众的情绪，赢得广大人民群众的信任和支持，让所有的质疑和谣言在真相面前不攻自破。最后，还要掌握网络语言，与时俱进，用网民易于接受的方式引导网上舆论，营造积极正面的舆论氛围，真正使网络舆论引导产生实效。

三要善用网络媒体。各级领导干部要善用网络媒体，了解民意、汇集民智，推动工作决策的科学化和民主化，强化工作监督，提高工作效率，从而实现办公现代化、民主化。一是要充分发挥网络媒体的民意汇集功能，积极借助网络媒体了解社情民意，进行决策调查，推进决策的科学化和民主化。二是要大力强化媒体的宣传教育和功能，充分发挥网络媒体即时、互动、开放的特性，把党的路线、方针、政策和地方的举措及时通过网络媒体进行宣传，发布权威信息，牢牢掌握网上舆论主导权，加强网络思想政治教育阵地建设，增强党和政府的凝聚力和公信力，打造阳光、绿色、文明主流网络舆论。三是要善于借助网络媒体的舆论监督功能。网络的自由性、交互性和开放性，使以往在传统新闻传媒上难以实现的个人表达自由和言论自由得到空前的展现，继而形成强大的舆论监督力量，我们要借助这一力量，促进各项工作的开展。

善待、善管、善用网络媒体，是领导干部加强网络舆情引导的重要策略与方法。我们要旗帜鲜明地坚持正确的政治方向、舆论导向、价值取向，通过理念、内容、形式、方法、手段等创新，推动网络媒体健康发展。

网络的飞速发展深刻地影响和改变了人们的交往方式、生活方式、学习方式、思维方式，乃至整个经济社会结构。从近些年来发生的群体性事件来看，新闻信息往往第一时间在网络超地域传播。实践证明，积极应对、正确引导，就能化弊为利、掌握主动；消极回避、一堵二捂，必然适得其反、更加被动。因此，认识和把握新时代网络新闻传播的规律，对于领导干部来说，是一门必不可少的功课。领导干部面对网络应努力做到“四坦”。

一要坦荡。领导干部应当充分意识到，我们已经处在一个崭新的网络时代，每个公民都可以充当网络新闻记者；每个公民都可以借助互联网，对外发布消息。领导干部应当自觉依照法律规定，以信息公开为一般原则，以保守国家秘密为例外，坦荡面对网络，充分满足公众的知情权。

二要坦然。监督国家机关及其工作人员，是网络媒体的神圣职责。替老百姓说话就是维护党的威信，领导干部应当支持网络新闻记者的采访工作，坦然接受网络媒体监督，养成在网络监督下行使权力和开展工作的习惯。

三要坦言。传统新闻媒体和网络新闻媒体已呈紧密联系之势，传统新闻媒体的电子化，网络新闻媒体的杂志化，不仅拓宽了新闻传播的广度，而且使新闻传播具有了某种不可控制性。在信息一体化时代，领导干部应当主动接触各类新闻媒体，坦言工作得失，积极增加信息供应量，推动社会公开透明。

四要坦诚。保持与网络新闻记者良好的互动关系，坦诚相待，主动交往，是现代领导干部的基本功。过去，我们强调领导干部多做少说，现在我们更意识到，向网民解释政策也是领导干部的重要工作。如果不能从容面对话筒，不会与网络新闻记者进行有效沟通，就不是一名称职的现代领导干部。

习近平总书记强调："我们要本着对社会负责、对人民负责的态度，依法加强网络空间治理，加强网络内容建设，做强网上正面宣传，培育积极健康、向上向善的网络文化，用社会主义核心价值观和人类优秀文明成果滋养人心、滋养社会，做到正能量充沛、主旋律高昂，为广大网民特别是青少年营造一个风清气正的网络空间。"① 各级领导干部要与时俱进，始终坚持执政为民的理念，善于把握网络舆情，积极应对网络危机，不断增强网络执政能力，切实推进网络强国建设。

① 习近平：《在网络安全和信息化工作座谈会上的讲话》，《人民日报》2016年4月26日。

让“网络问政”演好四种角色

随着网络的迅猛发展，越来越多的网民通过网络提出诉求，表达意愿，网络问政逐渐成为党委、政府了解民意的重要渠道。近些年来，各地、各部门在网络问政等方面进行了一些尝试，并且取得了不错的效果。笔者认为，应该让网络问政扮演好四种角色。

一是政府了解民情、为民排忧解难的“直通车”。网络缩短了时空距离，通过网络问政这个平台，人民群众能够在第一时间直接将民意上传，便于政府及时了解社情民意，感受民众心声。网络问政为领导干部广泛了解百姓疾苦、体察民情、掌握民意提供了新渠道。通过网络问政于民、问需于民、问计于民，这也是新形势下我党贴近百姓，坚持走群众路线的体现。因此，每一名领导干部都要重视并研究网络，运用网络与广大网民交流。要关注网络舆情，用心听取百姓诉求，用高度负责的心态，真心实意为群众排忧，千方百计帮群众解难，做好群众的“贴心人”。

二是汇集民意民智、辅助领导决策的“信息库”。网络问政充分体现了“以人为本”的理念，充分发扬了民主。通过网络征求意见，能更直接广泛地了解社会各个层面议论的重点和难点，了解群众在想什么，在盼什么。只有充分了解群众的所想、所思、所盼，才能找准结合点，制定出科学的决策，从而更好地服务于民。百姓的创造力是极其丰富的，通过网络问政这个平台，可以汇集民智，为领导的决策提供智力支持。要建立领导干部在线交流及网友留言回复督办等制度，形成专项收集、专门办理、专人回复的工作格局，实现网络问政的良性互动。对网友的意见和建议，政府部门应该认真研究，充分论证，并体现在政府决策部署和具体工作中。

三是预防腐败、防止腐败的“好帮手”。依托网络这个大平台，人人都是新闻记者，可以有效实施全方位监督。通过网络问政，畅通民意渠道，搭建监督平台，可以让公共权力更加充分地在阳光下运行，减少不作为乱作为空间，真正做到公开公平公正，这有助于增强领导干部的自律意识，进一步规范领导干部从政行为，进而推进党风廉政建设。对网上反映的领导干部违法违纪问题，要认真核查，依法依规处理，使网络问政成为党委政府强化日常监督、严厉惩治腐败的又一件利器。

四是改进工作、创新服务的“助推器”。我国政府是服务型政府，这就决定了其重要职能是为全社会服务。公民通过网络参与国家治理，表达自己的愿望，是服务型政府的本质特征。政府官员要通过网络问政平台，结合群众反映的问题，有针对性地讨论和查摆在思想观念、创新工作、服务措施等方面存在的差距和不足，广泛听取服务对象的意见和建议，从而进一步改进工作、创新服务，树立服务型政府新形象。

网络问政，是网络社会发展的产物，是政府与民众借助网络进行的一种互动行为，是现代社会治理的重要方式，它已成为中国政治发展的一大亮点。只要我们认真坚持网上群众路线，坚持从问题切入，创新网络问政方式，听取群众意见，检视自身问题，就一定能做好网上群众工作，不断夯实党执政的群众基础。

领导干部应对网络媒体之我见

习近平总书记指出，当今世界，谁掌握了互联网，谁就把握住了时代主动权；谁轻视互联网，谁就会被时代所抛弃。[①] 在一定程度上可以说，得网络者得天下。因此，各级领导干部必须努力提高应对网络媒体的能力。

① 习近平：《习近平关于网络强国论述摘编》，中央文献出版社2021年版，第41页。

一要正确认识，更新观念。围绕网上言论问题，有些领导干部未能适应互联网新形势，沿袭封、堵、塞的陈旧思维，结果事未解决，反而导致问题扩大化。有一位领导干部说得好：“堵了一个记者的口，堵不了互联网上网民的口；堵了一家互联网的口，堵不了全国互联网的口。只有做好自己的工作，消除出现负面报道的源头才是唯一的和最重要的。”可见，已经有不少领导干部通过正反两方面的经验教训，对互联网上的批评报道、批评言论有了理性认识。

二要加强学习，熟悉网络。互联网的横空出世改变了社会的信息传播方式、人际交往方式、休闲娱乐方式、文化学习方式、精神生活方式乃至逻辑思维方式。领导干部只有加强学习，才能跟上时代的步伐，在工作中要主动利用网络、积极参与网络讨论等。

三要融入网络，积极参与。对于网络，领导干部不能把自己当作一个局外人和旁观者，而应该积极参与。网络信息包括网络新闻和网民言论两大方面，关注网络信息及时掌握时事动态，为科学决策提供参考，提高工作的质量和效率。同时还要学会网络互动及主动出击，把稳定思想、控制大局的政治工作通过网络开展下去，积极地参与网民所关注焦点话题的讨论。

四要调整心态，平等对话。首先要有平等的心态。领导干部上网，要以平等的、谦谨的态度与网民交流，如果以官员身份居高临下，网民非但不会买账，甚至可能激起民愤。其次要有平和的心态。由于网络的匿名性和虚拟性，使得人们在这个场所可以毫无顾忌地畅所欲言，这些原生态的民情民意，有的言辞可能不加修饰和遮掩，领导干部要容得下网民的不同言论和直白的表达方式。

五要发挥优势，正面宣传。网络这个阵地，健康的主流文化不去占领，不健康的文化或非主流文化甚至垃圾文化就会去占领。所以，领导干部必须强化网络阵地意识，要把网络作为开展工作的有效平台，通过网络广泛深入地宣传党的路线、方针、政策，引导群众对形势政策的了解和认识，使其更加关注和支持改革发展；充分利用网络多媒体特性，通过使用各种网络信息技术和手段，达到教育人、引导人、鼓舞人的宣传效果。

六要接受监督，引导解释。群众对政府部门工作提出批评、意见和建议，是宪法赋予公民的基本权利。当前，网络已成为表达民意的最佳手段，领导干部对此应有清醒的认识，要主动接受监督并进行适当的引导和解释。

七要以民为本，加强沟通。在网络时代，民本意识显得比以往任何时候都更加重要。作为领导干部，对网上群众反映的问题要给予更多的关注。首先要敏锐洞察群众的现实需求，依此开展工作。其次要学会快速处理突发事件。在网络时代尤其要具备敏锐的鉴别能力、驾驭全局的能力、快速应变的能力、较强的组织协调能力、快速决断的能力。只有这样，才能以不变应万变。最后要通过网络加强与群众的沟通。

习近平总书记反复强调："过不了互联网这一关，就过不了长期执政这一关。"[①] 有些人企图让互联网成为当代中国最大的变量，对此我们必须高度警惕。必须加强党的领导，坚决打好防范化解网络安全和信息化重大风险的攻坚战，为实现中华民族伟大复兴的中国梦提供牢靠安全的保障。

① 习近平：《没有网络安全就没有国家安全》，求是网2021年10月11日。

第十一章

基本公共服务问题

提升基本公共服务能力之我见

《“十四五”公共服务规划》提出，到2035年基本公共服务实现均等化。党的十九届五中全会明确提出要“提升公共文化服务水平”，并作出一系列重大部署。

提升基本公共服务能力，提高素质能力是关键。基本公共服务能力指政府、非政府公共部门和公务员等利用公共资源为社会提供服务的能力。它包括政府的公共服务能力，非政府公共部门如医院、学校等的公共服务能力以及公务员的公共服务能力。要提升基本公共服务能力，就要从以上三个方面下功夫，但最根本、最关键的是要提高公务员的素质能力。没有较高的思想政治素质，就没有全心全意为人民服务的意识和行动；没有较高的社会公德素质，就没有大公无私、公而忘私、用权为公的理念和精神；没有较高的职业道德素质，就没有尽职尽责、精益求精的工作态度和作风；没有较强的能力，就没有全心全意为人民谋利益的才智和本领。

提升基本公共服务能力，转变政府职能是核心。随着时代的发展，社会的进步，形势的变化，政府的职能职责、工作目标任务、工作方式方法都发生了巨大的变化。传统的组织结构、管理模式和服务方式不仅制约了政府效能的提高，更制约了基本公共服务能力的提升。因此，提升基本公共服务能力，必须以转变政府职能为核心，通过规范行政权力，调整和优化政府组织结构与职责分工，努力实现政府职能由微观管理向宏观管理转变，由直接管理向间接管理转变，由控制管理向提供服务转变，使政府职能真正转到经济调节、市场监管、社会管理、公共服务上来。

提升基本公共服务能力，完善监管机制是保证。有了科学的监管机制，才能促进基本公共服务能力的有效提升。监管机制能够为基本公共服务能力的提升保驾护航，能确保基本公共服务能力沿着正确的轨道发展，取得令人民满意的效果。先进的监管机制是基本公共服务能力最大化的保证，健全的监管机制是基本公共服务能力全面化的保证，严格的监管机制是基本公共服务能力高效化的保证。

提升基本公共服务能力，解决民生问题是目的。民生问题涉及公众生活的方方面面，如就业、教育、医疗、安全生产等工作。关注并解决民生问题，是中国共产党执政的出发点和落脚点，是构建社会主义和谐社会的迫切需要，是中国共产党能够赢得人民群众拥护和支持的根本原因。党的一切奋斗和工作都是为了解决民生问题，造福人民。党的历史就是一部关注民生、改善民生、保障民生的历史。只有以解决民生问题为目的，提升基本公共服务能力才有正确的目标、明确的方向、强大的动力和最大的价值。

党的十九大报告明确指出：“党的一切工作必须以最广大人民根本利益为最高标准。我们要坚持把人民群众的小事当作自己的大事，从人民群众关心的事情做起，从让人民群众满意的事情做起，带领人民不断创造美好生活！”这就为我们提升基本公共服务能力、建设人民满意的服务型政府指明了方向。只要我们以提高公务员素质能力为关键、以转变政府职能为核心、以完善监管机制为保证、以解决民生问题为目的，我国的基本公共服务能力就一定会迈上新的台阶，实现质的飞跃！

提高基本公共服务能力是建设服务型政府的根本保证

2020年9月，习近平总书记在湖南省汝城县沙洲瑶族村考察时说，做好基层基本公共服务关键看实效，要提高针对性，老百姓需要什么，我们就做什么。不忘初心、牢记使命，践行全心全意为人民服务的宗旨，必须提高公共服务能力，建设服务型政府，抓紧解决人民群众最关心、最直接、最现实的利益问题。

提高基本公共服务能力是贯彻落实新发展理念的现实要求。新发展理念是高质量发展的核心，也是基本公共服务的核心。坚持以人民为中心的发展思想，是提高基本公共服务能力的风向标，政府和公务员都要把人民的利益放在首位，以人民群众高兴不高兴、答应不答应、满意不满意作为根本标准，通过完善社会保障、公共医疗、义务教育等基本公共服务制度，努力实现经济社会全面协调、可持续发展，不断满足人们的多方面需求，实现人的全面发展。

提高基本公共服务能力是政府的首要职责。各级政府和公务员掌握着大量的公共资源，理应为人民群众提供高质量的基本公共服务。然而，目前政府工作中还存在着“错位”“缺位”“越位”的现象，政府管了许多不该管、管不了、管不好的事，公务员“不作为”“乱作为”的情况时有发生，政府职能还没有真正从管理转向服务，没有把职能调整到“经济调节、市场监管、社会管理和公共服务”上来。因此，各级政府和公务员应以建设服务型政府为目标，把提高基本公共服务能力作为自己的首要职责和重要义务，真正做到用权为公、执政为民。

提高基本公共服务能力是人民群众的迫切愿望。随着改革开放的深入，社会主义市场经济的发展，民主政治建设进程的加快，人民群众的民主意识、法治意识、竞争意识和参政意识不断增强，人民群众对公共产品日益增长的需求与公共产品供给不足、公共服务能力不强的矛盾十分突出，迫切要求政府和公务员全面提高公共服务能力和水平。

提高公共服务能力要在以下四个方面下功夫。

要强化公共服务意识。我们的政府是人民的政府，是为人民服务的政府。我们的公务员是人民的公仆，是人民的勤务员。政府和公务员都要切实摒弃“官本位”意识，牢固树立“民本”思想，把人民的需要当作第一选择，把人民的利益当作第一考虑，把人民的满意当作第一标准，真正做到权为民所用、情为民所系、利为民所谋。

要强化公共服务职能。必须推进政企分开、政资分开、政府与市场中介组织分开，加快政府职能转变，最大限度地解决基本公共服务职能越位、错位和缺位的问题，努力构建充满活力的现代基本公共服务体系，努力推动建设和谐社会。

要创新公共服务方式。要推进公共服务法治化，建立权责明确、行为规范、监督有效、保障有力的行政执法体制；推进公共服务信息化，积极开展网上服务，不断提高公共服务的质量和效率；推进公共服务公开化，扩大群众的参与权；推进公共服务社会化，形成政府主导，全社会共同参与的公共服务格局。

要规范公共服务行为。公共服务行为是否规范，直接关系到公共服务能力和水平的提高。要以规范公共服务行为，提高公共服务质量和效率为重点，围绕解决损害群众利益的突出问题，用现代公共行政手段多为群众办实事、办好事、解难事，用公共服务的实际成果取信于民，把我们的政府建设成为人民满意的政府。

只要我们以幼有所育、学有所教、劳有所得、病有所医、老有所养、住有所居、弱有所扶等为统领，制定并贯彻落实公共教育、就业创业、社会保险、医疗卫生、社会服务、住房保障、公共文化体育、优抚安置、残疾人服务等领域的国家基本公共服务质量要求，就一定能不断提高公共服务能力，建设服务型政府，真正实现城乡基本公共服务均等化。

提升基本公共服务能力是构建和谐社会的基本保障

我们要构建和谐社会，就要牢记执政为民的宗旨，坚持一切为了人民，抓紧解决广大群众最关心、最直接、最现实的利益问题。为此，必须提升政府在就业、医疗、安全生产、义务教育、农村养老等方面的基本公共服务能力，这是构建和谐社会的基本保障。

提升就业公共服务能力，是构建和谐社会的基本保障。“就业是民生之本”，提高城乡居民的就业率，实现劳有所得，是政府的基本职责和义务，也是人民群众的强烈愿望和要求。就业不但关系到一个人的生计，而且关系到人的尊严。当前我国的就业形势依然严峻，各级党委政府必须加强对就业的指导和服务，建立和完善就业公共服务体系，特别要帮助弱势群体和零就业家庭就业，为构建和谐社会努力奋斗。

提升医疗公共服务能力，是构建和谐社会的基本保障。有关调查表明，存在因看不起病而致贫或返贫的现象。这些数据充分说明，提升政府医疗公共服务能力十分重要和紧迫。为此，必须建立健全一个覆盖全民的基本医疗保障体系，提高医疗资源分配的公平性，这也是构建和谐社会的基本保障。

提升安全生产公共服务能力，是构建和谐社会的基本保障。近些年来，矿山生产、食品生产、药品生产安全问题频发，究其原因，主要是存在重经济利益轻人的保护的错误思想，对安全生产缺乏责任心，缺乏严格的监督管理。为此，必须加强安全生产法制建设，建立健全社会重大事故隐患评估系统，提升政府安全生产公共服务能力，为构建和谐社会提供密织的安全网。

提升义务教育公共服务能力，是构建和谐社会的基本保障。义务教育是一个国家的根本，是一个民族的希望。中央和地方政府应当不断完善义务教育经费保障机制，加大义务教育经费投入力度，不断提高保障水平，提升义务教育公共服务能力，为构建和谐社会提供坚实的基础。

提升农村养老公共服务能力，是构建和谐社会的基本保障。养儿防老是中国农民的传统观念。由于农村居民收入水平有限，有相当一部分农民对赡养老人心有余而力不足。农村居民的众多家庭矛盾中，半数以上都与赡养老人有关，这是构建和谐社会的一大绊脚石。因此，各级政府财政应该加大农村养老投入力度，积极办好农村养老院，加强对农民的孝道教育，认真做好农村养老工作，提升农村养老公共服务能力，为构建和谐社会营造良好的社会环境与风气。

只要政府提升就业、医疗、安全生产、义务教育、农村养老等方面的基本公共服务能力，构建和谐社会的目标就一定能实现！

提升基本公共服务能力要做到“三问”

古人说：“知屋漏者在宇下，知政失者在草野，知经误者在诸子。”党的十八届六中全会明确指出：“坚持问政于民、问需于民、问计于民，决不允许在群众面前自以为是、盛气凌人，决不允许当官做老爷、漠视群众疾苦，更不允许欺压群众、损害和侵占群众利益。”由此可见，问政于民，问需于民，问计于民，是防止“政失”的有效途径，也是提升政府基本公共服务能力的必由之路。

问政于民。各级政府通过各种方式直接听取百姓的建议和意见，以使政府的政策和决策更加顺民心，合民意，有效果。问政于民是政治文明进步的重要标志，是构建社会主义和谐社会的必然要求，是提升政府基本公共服务能力的重要途径。人民群众蕴藏着无穷的智慧和力量，是推动高质量发展的主体力量，是破解各种难题的根本依靠。只有通过问政于民，才能知得失，找准影响改革发展稳定的困难和问题；才能正举止，对解决民生问题的思路不断纠偏、完善和深化；才能服好务，获得群众的认同，全心全意为人民谋利益。

问需于民。要深入人民群众，了解他们的需要、需求、追求和愿望。维护好、实现好、发展好最广大人民的根本利益，是政府一切工作的出发点和落脚点。个别地方搞了政绩工程、面子工程，花了不少钱，下了很大力气，却得不到群众认可，甚至遭到群众反感，就是因为在决策过程中没有问需于民，没有充分考虑人民群众最关心、最直接、最现实的利益问题。政府基本公共服务的内容来源于民之所需，提升政府基本公共服务能力必须坚持问需于民。问需于民，是提升政府基本公共服务能力的着力点；提升政府基本公共服务能力，是做到问需于民的重要保证。

问计于民。要集中民智，从人民群众中寻找促进经济社会发展的“锦囊妙计”。人民是历史的创造者，是真正的英雄。从抗日战争中的地雷战、地道战等独特战法，到小岗村“大包干”的探索，从创办乡镇企业，到推进集体林权制度改革，革命、建设实践中的很多经验，尤其是改革开放以来中国共产党一系列突破性的政策、方针、措施，都来源于基层和群众的创造。提升政府基本公共服务能力的目的是解决民生问题。像如何实现安全生产，如何促进就业创业，如何搞好农村养老，如何实施义务教育，如何治理假药劣药等民生问题，最好的途径和办法就是问计于民。面对世情、国情、党情的深刻变化，面对“四种考验”，面对“四种危险”，深化改革，推动高质量发展，保持稳定的任务更加复杂艰巨，更要问计于民，拜人民为师，真正把政治智慧的增长、执政本领的增强深深扎根于人民的创造性实践中，在问计于民的过程中不断提升政府基本公共服务能力。

习近平总书记明确指出："让群众满意是我们党做好一切工作的价值取向和根本标准，群众意见是一把最好的尺子。"①只要党和政府、领导干部和公务员都能顺民意、集民智、知民需、惜民力、解民生、得民心，真正做到不耻"三问"，政府的基本公共服务能力就一定能不断得到提升。

提升基本公共服务能力要增强"三力"

增强"三力"，是指增强政府的领导力、执行力和公信力。增强"三力"是提升基本公共服务能力的重要内容，也是提升政府基本公共服务能力的重要途径。基本公共服务能力的强弱取决于政府领导力、执行力和公信力的高低。因此，各级政府都要以增强"三力"为基础，不断提升基本公共服务能力。

增强政府的领导力。政府的领导力是指政府在处理政治、经济、文化、社会生活各项事务时的能力。政府的作用能否得到充分发挥，政府的社会管理活动是否有效，政府职能的履行是否到位，在一定意义上都直接取决于政府领导力的高低。提升基本公共服务能力，必须坚持、加强和改善政府领导。譬如，政府在逐步推行农村合作医疗全覆盖的工作上，展示出了极高的工作效率。试想如果没有政府强有力的领导力，怎能在短期内达到这一目标并逐步完善农村医疗保障制度。可以说，增强政府的领导能力是提升基本公共服务能力的前提条件和根本保证。

增强政府的执行力。政府的执行力是指在维护社会秩序、分配公共资源、推进经济发展的过程中，依照法定规则和程序进行处理的力度、效率

① 习近平：《在党的群众路线教育实践活动总结大会上的讲话》，《人民日报》2014年10月9日。

和结果。提升基本公共服务能力，必须增强政府的执行力。一个具有较高执行力的政府，在处理社会公共事务时，其行为必然是规范的、有效的。相反，一个执行力弱的政府，在处理社会公共事务时，其行为一定是迟缓的、缺乏效率的。执行力是基本公共服务能力的核心内容。只有政府的执行力不断增强，才能真正提升基本公共服务能力，才能真正将民生工作落到实处。

增强政府的公信力。政府的公信力就是政府被公众信任的能力，是指政府的行为被人民群众认可而赋予的信任。增强政府的公信力，是提升基本公共服务能力的前提条件。俗话说："言必信，行必果。"如果政府光说不行动或行动了没有效果，就会失信于民。全心全意为人民服务是政府的宗旨，应该成为政府及其工作人员为人民群众办实事、做好事、解难事的具体行动。政府的公信力是通过政府履行为人民服务的职责而获得的。政府应该实行政务公开，自觉接受公众的监督，不断提高公众的认可度，以更好的公信力取信于民。

增强政府的领导力、执行力、公信力，是提升基本公共服务能力的三个着力点，也是政府切实履行公共服务职能的关键举措。各级政府都要抓紧解决广大群众最关心、最直接、最现实的利益问题，不断提高领导力、执行力和公信力，不断提高基本公共服务能力，真正做到不忘初心，牢记使命，立党为公，执政为民。

加快政府职能转变，大力提升基本公共服务能力

2001年5月，在福建省非公有制经济论坛上，时任福建省省长的习近平就明确提出，今后政府职能转变的关键是做到有所为有所不为，使政府成为"有限政府"，更多地向社会提供"公共服务"。2014年5月26日，

习近平总书记在十八届中央政治局第十五次集体学习时强调："各级政府一定要严格依法行政，切实履行职责，该管的事一定要管好、管到位，该放的权一定要放足、放到位，坚决克服政府职能错位、越位、缺位现象。"党的十九大报告提出，转变政府职能，深化简政放权，创新监管方式，建设人民满意的服务型政府。为此，必须加快政府职能转变，大力提升基本公共服务能力。

加快从"社会监管者"到"群众服务者"的转变。"全心全意为人民服务"是中国共产党和政府的宗旨。"为人民服务"，即需要转变思想、更新观念、改善态度、调换位置，变"官本位"为"民本位""人本位"。只有从一味高高在上的"社会监管者"的位置走下来，心甘情愿、踏踏实实地做"群众服务者"，才能在情感上获得人民的认可，才能真正提升基本公共服务能力。也只有在面对每个拆迁户、每位上访者、每位拾荒者的时候，少一些"冰凉"的监管，多一些"人性"的服务，才能走好政府职能转变的"第一步"。因此，加快从"社会监管者"到"群众服务者"的转变，坚持"情为民所系"，是提升基本公共服务能力的基本前提。

加快从"资源分配者"到"平台搭建者"的转变。计划经济时期，政府一直"享有"甚至"占有"绝大部分的公共资源，成为"资源分配者"，是"自然而然"，也是理所当然。但随着"资源共享"的呼声日益高涨，打破垄断、消除特权、抹平不公，已是必然之举。发展基本公共服务，就是要推进社会服务均等化。显然，固有的"资源分配者"角色并不能很好地做到这一点，取而代之的"平台搭建者"身份却能更好地适应社会发展的需要。只有不断搭建平台，才能使资源效用最大化、运用合理化，才能为社会发展创造更广、更高、更新的平台。因此，加快从"资源分配者"到"平台搭建者"的转变，坚持"权为民所用"，是提升基本公共服务能力的重要途径。

加快从“游戏参与者”到“规则制定者”的转变。政府的职责不再是“参与游戏谋小利、谋私利”，而是“制定规则谋大利、谋民利”。政府过多参与企业运行，不但不能起到应有的指导作用，反而滋生了安逸感，使得其缺乏危机意识和开拓精神。只有通过政府制定完善的规范管理制度、运用合理的宏观调控政策，市场机制才能运行正常，“看不见的手”才能充分发挥作用。因此，加快从“游戏参与者”到“规则制定者”的转变，坚持“利为民所谋”，是提升基本公共服务能力的最终归宿。

政府只有以加快职能转变为核心，大力提升基本公共服务能力，才能使一系列公共服务落到实处、惠及民众。

第十二章

政府执行力问题

论执行的内涵和实质

政府执行力指政令在执行过程中的效力，是政府工作的生命力。提高政府执行力事关发展大局、事关群众利益、事关政府形象，是建设服务政府、法治政府、责任政府、效能政府和廉洁政府的本质要求。当前，政务工作中执行不力、落实不够的问题表现在很多方面，如应急不灵、政令不畅、落实不力、作风涣散、效率不高等，这些问题严重损害了政府形象，阻碍了政府执行力的提高，必须下大力气认真解决。

执行是一种态度。有句名言：态度决定一切。提高认识、统一思想、端正态度，是机关文化建设的首要前提，也是我们提高机关干部执行力的基本前提。没有愿意执行、乐意执行的态度，就不可能有执行到位的结果，所以，执行首先是一种态度。

执行是一个过程。执行本身表现为一个过程，从某种意义上可以说，没有过程就没有真正意义上的执行。于是，我们可以判断：有作为的领导都应当是过程论者，即看重事物发展的过程，绝不能因为执行者的执行结果不佳而全盘否定执行者的执行过程，这样做有利于保护和调动执行者的积极性。有前途的干部职工也应当是过程论者，即看重实践的力量、实践的魅力，没有什么是不可能的，也就是说，不敢执行、不愿执行，就谈不上正确执行、有效执行和成功执行。

执行是一个结果。对于组织来说，没有结果的“执行”和一无所为没什么两样。那种只看过程而不计结果的做法，对于领导来说是要不得的。对于执行者来说，追求过程不如更注重追求结果来得实在，因为过程永远只能是过程，只有结果才是执行的终极目标。

执行是一种智慧。对于领导者来说，执行的智慧体现在“选对人”上。有智慧的领导者在下达任务时，一定会选那些肯执行、能执行、会执行的人，如果选错了人，执行的结果肯定堪忧，因为一旦执行者不愿执行、不会执行，那就注定会使执行流产。对于执行者来说，执行的智慧体现在“做对事”上，“做对事”才能有结果。

执行是一种创造。执行需要创造的理念，因为执行本身就离不开创造，上级的指示精神是非常原则的东西，层次越高，指示精神就越有原则，没有创造就不可能做到有效地执行。执行需要创造的精神，这种精神体现在为了执行到位、执行有效，就一定要把创造作为执行的起点。创造才能解决执行过程中的困难，到达执行结果。

习近平总书记强调，“各级要强化执行力，把各项任务落到实处，不能打折扣，不能搞变通。”① 各级领导干部必须切实增强执行力，为全面建设社会主义现代化国家、实现中国梦贡献自己应有的力量。

论影响政府执行力问题的原因

辩证唯物主义的观点告诉我们，政府执行力是由“政府”作为决策主体，“执行”作为作用过程，“力”作为效率程序所构成的互为条件、互

① 习近平：《中共中央政治局召开民主生活会 中共中央总书记习近平主持会议并发表重要讲话》，《人民日报》2016年12月28日。

为作用、互为因果的对立统一体。影响政府执行力问题的原因是多方面的，但主要有以下几点。

一是思想观念滞后。由于客观存在的部门、单位之间苦乐不均，收入分配、福利待遇相差悬殊，职务、级别形成的权力差异等原因，一些干部官本位、权力欲突出，世界观、人生观、价值观发生偏移。有的干部一旦个人提拔任用不如意，则思想消沉、工作消极；有些干部即使换了岗或进了城，待"兴奋期"一过，就产生了"船到码头车到站"的思想，工作随大流、一般化、平平过；一些部门、单位干部业务不熟、能力不强、作风不实，难以胜任本职工作，也使部门、单位"一把手"感到难以为继，力不从心；还有的部门、单位干部甚至领导干部，认为本部门、本单位没钱、没权、没地位，因而产生见异思迁、厌倦其职的思想和情绪；有的则无心事业、用心营私，思想动荡不定，工作安心不了。不仅自己无所顾忌，而且影响他人工作的积极性。这些问题的长期存在，构成影响执行力的思想根源。

二是部门利益驱动。一些人的大局意识、全局观念淡薄，遇事首先考虑本部门、本单位小团体利益，而置全局工作而不顾。有的甚至错误地认为"部门工作是本行，手中有钱才风光。中心工作是帮忙，干多干少都一样"。尤其是条块、部门、行业之间存在分配不均、利益不均的落差，也给一些部门、单位提供了萌生逐利观念的气候环境。少数干部、职工注重个人利益，不给好处不办事，这些都导致执行难到位，构成影响执行力的利益根源。

三是经济基础薄弱。改革开放以来，国家社会经济取得长足的进步，但是财政底子薄的状况在一些地方还没有从根本上得到改变。财政也不可能拿出更多的资金来投入重点工程、重点项目，人们日益增长的美好生活需要与经济发展的水平、财政支持的能力还有较大矛盾。"巧妇难为无米之炊"在一定程度上制约了执行力，构成影响执行力的经济根源。

四是机制体制不顺。近几年来，政府不断创新机制体制，破解了不少难题。但是，部门、单位之间职能交叉和职责不清的问题仍然没有得到根本解决。考评机制的科学性、中心工作任务分配的合理性、奖惩机制的有效性、评先评优的公认性、项目指标的可行性、用人机制的导向性等，都还存在与客观实际不相适应的地方，在一定程度上影响了人的主动性、积极性和创造力的发挥。同时，一些部门和单位普遍存在的官多兵少、头重脚轻、人浮于事、忙闲不均的状况，也给部门、单位工作造成极大影响，多年来形成的问题，凸显出机制体制不畅不活的弊病，构成影响执行力的机制体制根源。

五是决策存有偏差。政府执行力是否畅通，在很大程度上取决于决策的准确与否。在一些阶段性目标任务和单方面工作实施方案中，还存在与客观实际不大相符的决策偏差。有的贻误了发展机遇，有的已成积重难返之势，有的执行难以到位。这些因主观因素形成的决策偏差，构成了影响执行力的首要根源。

走出提高政府执行力的误区

提高政府执行力是加强政府自身建设的题中应有之义。如何提高地方政府执行力，使中央的方针政策落到实处，是值得各级政府领导及其工作人员认真思考的一个问题。我认为，提高政府执行力必须走出下列误区。

一是应付执行。对政府作出的决定或布置的工作任务，不是认真执行、见诸成效，而是习惯于“以会议贯彻会议，以文件贯彻文件”，对工作蜻蜓点水，浅尝辄止；有的只求过得去，不求过得硬，随便对付走过场；有的只图虚名、不求实效，弄虚作假，欺上瞒下，应付过关。

二是选择执行。一些部门、单位执行政府指示决定重利忘义，拈轻怕重，有利则干，无利则推。有的开口讲价钱，伸手要利益，稍有不满意，工作就搁置；有的行业涉及多个管理部门，而一些部门、单位只收费，不管事，一些群众长期反映的问题，循环往复，推磨转圈，最终是“山河未改，涛声依旧”。

三是被动执行。工作缺乏原动力，有的工作推一推，动一动，甚至推了也不动。当一项工作需要多个部门、单位参与配合时，有的部门、单位左推右挡，以没人、没钱、没时间为借口，要么不愿参与，要么不愿负责，把局部工作当正业，把全局工作当副业，有的甚至投机取巧应付差事，或者卸肩撂担，撒手不管，或者出勤不出力，令组织者煞费苦心，拱手求助。

四是放任执行。对上级交办的工作，缺乏真抓实干、雷厉风行的作风。或者束之高阁、高高挂起；或者不在乎、不过问、不检查、不落实，听之任之，闻之未闻；当上级追问时，即使知之也佯装不知，使执行过程出现“短路”“塞车”现象，影响执行效率。

五是消极执行。工作缺乏热情，更无激情，凡事漠不关心、麻木不仁；执行任务、接受工作不是闻风而动、起而行动，而是依个人情绪高低、心情好坏而定，顺则行，逆则不行；还有的大事做不好，小事又不做，自高自大、牢骚满腹，工作如落他手，犹如泥牛入海，杳无音信。

六是拒不执行。有些工作虽有三令五申，但仍然熟视无睹，充耳不闻，无动于衷；有的则阳奉阴违、表里不一，当面说好、背后“放炮”，犯自由主义；有的凭个人好恶情感行事，置政令政纪于不顾，我行我素；有的则唯我独尊，藐视政令，动不动就搬出条条框框来唬人，或拖着不办，或顶着不办，或压根儿就是不办。一些工作效率不高，均缘于此。

党的二十大报告明确提出，转变政府职能，优化政府职责体系和组织结构，推进机构、职能、权限、程序、责任法定化，提高行政效率和公信力。

提高政府执行力重在落实“三力”

执行力是政府工作的生命力，没有执行力就没有生命力，更谈不上公信力。李克强总理强调：“一旦决定了的事情，就要不折不扣地执行。执行的效果是我们的力量所在。”“政府说到就要做到，不能‘放空炮’。”“没有做到的要问责，不能当无所作为的‘太平官’。”然而，政府的执行力在极少数地方和部门不同程度地“缩水”“疲软”“走样”“无力”，主要表现在：有令不行、有禁不止的对抗执行；推诿扯皮、推卸责任的逃避执行；上有政策、下有对策的歪曲执行；不讲大局、加塞搭车的附加执行；缺乏创新、照抄照搬的机械执行；无所作为、敷衍了事的无过执行。凡此种种，影响了党的各项方针政策的贯彻落实，影响了政府的执政力和公信力。我认为，要有效解决这些问题，必须在“软硬统一、上下一致、内外结合”上落实“三力”——创新力、操作力、约束力。

创新力，就是要不断强化各级领导干部的学习和实践锻炼，在提高执行的本领上实现“软硬统一”。执行力是靠“学”出来的，也是靠责任心“干”、开拓进取“创”、脚踏实地“拼”出来的。社会是不断发展变化的，执行的任务和对象也是不断变化的，过去有效的执行经验今天可能会不灵验。只有不断学习，掌握更多的方法，执行力才能与时俱进。同时，要通过干部双向交流、挂职锻炼等措施，有计划、有重点地选派干部参与城市拆迁、招商引资等重点或中心工作，让干部在实践中历练，开阔视野、积累经验、增长才智，不断提高执行的创新力。

操作力，就是要不断强化效能建设和部门协作配合，在提高执行的合力上实现“上下一致”。效能建设，要本着“实用、管用、顶用、效用”的原则，加强制度建设，创新、规范、优化相关工作制度，落实岗位责任制、服务承诺制、限时办结制、首问负责制、窗口部门一次告知制等制度，让规矩服务需要，让程序保障效率，使政府工作环环相扣、操作有序、高效运转，形成责任体系的“闭环效应”。在部门协作配合上，对重大决策、重要部署，特别是经济发展、节能减排、改善民生、促进和谐、维护稳定等涉及多部门、多层面的工作，要在细化目标任务、明确工作责任的同时，树立上下一盘棋观念，思想话“共存”、政治讲“共荣”、经济求“共赢”、仕途图“共进”，互相配合，增强政府行政效能和执行的合力。

约束力，就是不断强化督办奖惩和社会评价机制，在提高执行的监督上实现“内外结合”。要严格实行行政首长负责制，对政府确定的重大事项、主要任务和完成时效，“一把手”要亲自抓、负总责、督落实，从领导做起，从政府职能部门做起，形成一级督办一级，一级对一级负责的执行落实机制。进一步完善政府目标责任制管理工作，探索建立科学的政府绩效评估指标体系、考评机制，推动绩效评估制度化和绩效评估结果公开化。对违法违规、失职渎职等行为，要分别视情节予以限期整改，直至责令辞职和建议免职。同时，探索建立干部工作效能群众满意度测评机制，组织开展人大代表、政协委员、私营业主、群众代表评政府部门活动，评议结果向社会公开，促进各项工作的落实，把评判权交给服务对象、交给群众、交给社会。

提高政府执行力的着力点

执行力是政府工作的生命线，是政府效能的最好体现。提高政府执行力，必须在以下六个方面下功夫。

在真抓实干上下功夫。言必信，行必果，定下的工作就要抓紧实施，部署的工作要一抓到底，承担的工作要确保成效。善抓细节，以细节求深入、促落实，争创一流。凡是党委作出的重大决策和已经确定的事情，必须确保政令畅通、令行禁止，做到事事有着落、件件有回音。凡是面向社会的行政许可和管理事务，必须全面推行限时办结制、超时默认制、牵头单位负责制和缺席默认制，提高审批效率。

在开拓创新上下功夫。要有敢于创新的精神。只要不是法律明确禁止，有利于长远发展、符合人民根本利益的，都可以闯、可以试。对待敢闯的干部，多给予一些宽容与包涵，让敢闯的人大胆干事、扬眉吐气。要有善于创新的方法，更加深入地研究和把握部门工作的内在规律，继承和发扬好传统、好做法、好经验，对工作中条条框框的“自我束缚”和“相互束缚”要敢于破除，对效率低下的“程序”要敢于打破，对抱残守缺的“规范”要敢于纠正，对只重形式的“细致”要敢于摒弃，善于把上级的大政方针与本地的实际结合起来，把实施决策的原则性和解决问题的灵活性统一起来，努力在结合中出思路、出实招、出实绩。

在领导带头上下功夫。各级领导干部要下决心从文山会海中解脱出来，从迎来送往中解脱出来，从日常琐事中解脱出来，狠抓工作落实，做依法行政、科学行政、民主行政的表率。要学法懂法，严格按照法律法规授权及规定的程序决策，进一步健全公众参与、专家论证与政府决定相结合的决策机制，完善重大事项集体决策制度、专家咨询评估制度、决策听证公示制度和决策责任追究制度，确保决策的科学化、民主化。

在提高素质上下功夫。从工作实际需要出发，本着缺什么、补什么，积极开展任职培训、初任培训、专门业务培训和更新知识培训，加强职业道德和行为规范教育，不断提高综合素质，使每位公务员成为本职工作的“业务通”。要自觉把学习作为一种生存方式和工作的第一需要，少一点应酬，多一点学习；少去一些玩场，多游一些学海；少坐几次牌桌，多坐几次书桌，挤出些时间，抽出些精力，多学基本理论，多学业务知识，多学各种新知识，不断提高自己的政治理论水平、政策水平、业务水平和处理实际问题的能力。着眼于解决改革发展稳定中的实际问题，坚持边学习边思考，边思考边实践，把学习的体会和成果转化为谋划工作的思路和促进工作的举措。

在健全机制上下功夫。健全岗位责任制，将工作职责、任务和目标科学明确地分解落实到各个岗位，建立主体明确、责权对称、层级清晰、奖罚分明、衔接得当的岗位责任制，形成岗位之间的无缝责任链条，使每项工作任务、每个工作环节的责任都具体落实到人。积极探索建立政府部门绩效评估指标体系，推进绩效评估制度化和绩效评估结果公开化。进一步完善公务员考核机制，全面考核公务员的德、能、勤、绩、廉，重点考核工作实绩。全面落实行政首长负责制，对于政府部门存在的执行上级机关决策和部署不力、违反规定进行决策、不认真履行行政管理职责等问题，采取多种方式予以问责。

在强化监督上下功夫。一是要确保民众的知情权。进一步推进政务公开，不断拓展政务公开内容，把涉及广大群众切身利益的就业、社保、教育、卫生、住房等公用事业单位作为政务公开的重点，保障人民群众的知情权、参与权和监督权。二是要确保民众的参与权。充分利用新闻媒体、热线电话、政务网站等多种方式，拓宽政府与公众之间的沟通渠道，问计于民。三是要自觉接受社会监督。积极营造良好的舆论环境，支持社会舆论监督。持续推进民主评议行风活动，把群众的评判当作提高政府执行力的行动坐标。积极搭建社会监督平台，整合各种投诉中心功能，做到“有诉必理，有理必果”。推进“网上信访”，对群众反映突出、涉及面广的问题及时妥善解决，使“网上信访”成为全市人民的“民声通道”。

提高政府执行力的途径

政府执行力体现一个国家的核心竞争力，是现代化进程中评价政府优劣的重要尺度。当前，提高政府执行力应在以下几个方面着力。

一是提升执行理念。各级机关和领导干部承担着贯彻执行上级政策、制定本地区或本单位战略决策的任务。因此，提高政府执行力的关键首先在于各级政府的决策层。各级领导应带头更新执行理念、强化执行意识，坚持一手抓决策、一手抓执行。要重视调查研究、学习思考，力求决策科学民主，保证战略和计划切实可行。要努力建设执行文化，引导执行行为，整合执行资源，凝聚执行能力，真正做到了解民情、代表民意、凝聚民心、汇集民智，把党委和政府的各项决策落到实处。

二是强化执行力量。各级干部起着上传下达、承上启下、组织协调、执行管理的作用，是政令执行的主要承担者和责任人，也是提升政府执行力的重要环节。要形成各种有利于行政执行的理念和氛围，促进各级政府及其公务员的工作效率提高和作风转变，使公务员自觉意识到“执行是一种压力，一种纪律，一种激励，一种作风，一种合力”，增强公务员的目标感、责任感、使命感、紧迫感，使其在工作中讲政治重行动，讲原则重结果，讲速度重质量，确保政府在强有力的执行中实现自己的决策目标。

三是优化执行效能。创新执行方式，优化执行效能，是提高政府执行力的有效途径。要完善执行组织体系，科学配置执行权力，优化和规范职能部门的设置；要构建有效的执行流程，规范行政程序，形成有序合理的执行步骤，避免执行失范和执行偏差；要建立高效的政府资源配置机制，在统筹兼顾的基础上保证执行的重点部门、重点任务及关键环节的资源获取优先权；要采用先进的执行技术、手段和方式，大力推进电子政务和政府信息公开，不断推进服务型政府建设。

四是实施绩效管理。实行政府绩效管理与评估，是提高行政执行力的重要手段。要通过建立科学的政府绩效评估体系，强化政府绩效意识，实施绩效管理，将政府执行力落到实处；要用科学的绩效评估和考核来引导行政资源的配置，激发和调动广大公务员的积极性和创造性；要将政府职能转变、依法行政与绩效管理结合起来，用绩效作为评价和考核行政机关及其领导者执行力的基本尺度，为提高和强化政府执行力提供有力的支撑。

五是推行行政问责。推行行政问责制对于提高行政执行力尤为重要。要落实各层级、职级所承担的责任，制定清晰、可度量、可考核、可检查的执行目标。按照权责一致、依法有序、民主公开、客观公正、有错必究的原则，加快建立以行政首长为重点的行政问责制。要规范行政问责的主体及权限，解决由谁来问责、由谁来监督的问题；规范行政问责的客体及其职责，明确责任种类及责任追究方式；规范行政问责的程序，实现行政问责的规范化和制度化。建立健全执行力责任评议、警示、奖惩制度，不断完善考核的程序、标准和办法，强化经常性的监督。

六是提高公务员素质。公务员的执行能力决定着政府的执行能力。要培养教育公务员坚定的政治立场与信念，坚持解放思想、实事求是、勇于创新，坚持一切为了群众，一切依靠群众，一切以人民群众赞成不赞成、满意不满意为标准，不断改进管理方式和手段，使执行效益最大化。要通过加大学习培训力度，提高公务员执行政策、解决问题的能力。要建立健全科学合理的选人用人机制，使人尽其才，才尽其用，从而为提高政府执行力提供人力支持。

提高执行力关键在完善机制

执行力的强弱和高低，最终要由人民群众来评判。人民群众如何评判，需要建立和完善科学的评价机制，将各项工作部署、措施进展向社会公布，把监督权和评判权交给服务对象、交给人民群众、交给社会各界，这是执行力不断提高的源头活水。因此，笔者认为，提高执行力关键在完善机制。

完善运行机制升华执行力。加强制度建设和创新，规范、优化工作流程，做到各个环节、各个流程都是不可或缺的，一个链条“卡壳”则影响整体运行。要让规矩程序服从于能办成事、快办成事，在程序和规矩上服从效率，在权限和效果上服从效果，使各项工作环环相扣、紧张有序、高效运转。

完善检查机制落实执行力。执行是主观见之于客观的实践，它既不会自动完成，也不可能一蹴而就，需要脚踏实地、深入细致地化作实践。会议召开，不等于决策落实；计划下达，不等于任务执行。因此，要强化检查落实机制，把经常性的工作督办与深入实际的明察暗访结合起来，真督实查，公开通报，以达到激励先进、鞭策后进、改进工作、提高执行力的目的。

完善奖惩机制保障执行力。无赏无罚，任何制度都会落空。“破窗理论”告诉人们，如果有人打坏一扇窗户玻璃而不受到惩处，别人就可能受到“暗示”去打烂更多的窗户玻璃。这一理论对于执行力的打造和提升具有重要启示：如果执行不力却没有得到相应惩戒，便容易给他人产生效仿或侥幸的心理，久而久之就会导致整体执行力的降低。故此，要探索建立科学的绩效评估指标体系和考核奖惩机制，严格实行过错追究，保障执行力的提高。

完善合作机制托举执行力。众人拾柴事业兴旺，单打独斗难成大业。要提高执行力，就要营造有利于形成合力的氛围和机制，做到清除梗阻、协调配合，各司其职、各负其责，形成合力、提高效率。

完善评价机制润泽执行力。执行力的提升需要完善的体制机制来保证。加强执行力建设，必须建立长效机制，注重制度创新，把制度建设作为解决效率不高、执行不力问题的关键环节。健全工作责任体系，完善激励评价体系，把问责始终贯穿于决策、执行、监督的全过程，着力营造干好事、做实事的良好氛围，切实提高执行力。

中国共产党的奋斗历史充分展现了中国共产党具有无比坚强的领导力、组织力、执行力，是最可靠的领导力量。只要我们坚持党的全面领导，切实完善运行、检查、奖惩、合作、评价机制，就一定能不断提升政府的执行力和工作效率。

第十三章

年轻干部问题

为干部打工叫好

江西南昌市安义县曾掀起过一阵干部打工的热潮，年轻干部被“请”出机关大门，只凭一张县委组织部或人事部门开具的求职推荐信，只身到发达地区进行为期一年的谋职锻炼。干部打工更新了思想观念，提升了综合素质，提高了专业技能，改进了机关作风，大家都为之叫好！

干部打工，能更新思想观念。外出打工的干部从一个手中有权、兜里有钱、衣食无忧的干部，一下子变成了要自己为一粥一饭而操劳的异地“打工人”。他们不仅要适应因环境改变而带来的巨大落差，还要熟悉和遵守市场经济的“游戏规则”。他们不能再用计划经济条件下形成的固定思维模式去思考问题，去处理事情；不能再“一杯茶水一包烟，一张报纸看半天”，安于现状，无所作为。而必须增强市场意识、竞争意识、责任意识，努力花心思去适应市场，真正做到解放思想，与时俱进。

干部打工，能提升综合素质。许多年轻干部在走出机关大门之前非常自信和自豪，走出机关大门之后，他们才感到手足无措，百般无奈。为什么会这样呢？因为他们的知识结构、能力和管理水平已经严重落后于市场经济发展的需要，求职困难、创业艰难，难以适应发达地区的环境和工作节奏，从而他们产生了危机感，充分认识到加强学习、提升综合素质的重要性和紧迫性。打工干部在谋职锻炼期间“摸、爬、滚、打”，足以让他们学会生存，重新审视自己，不断完善自己。

干部打工，能提高专业技能。一外出打工干部在回顾打工经历时说了一句这样的话：在机关没有长处照样可以当干部，在外面没有一技之长，简直无法立足啊！由此可见，在市场经济条件下，要求生存、求发展，必须提高从事经济工作的专业技能，只有在市场经济的大潮中练就良好水性的干部，才能适应市场的需要，驾驭市场经济的发展，促进当地经济持续快速健康发展。

干部打工，能改进机关作风。有打工干部说：“在广州，我听尽了冷言，看尽了脸色，有时你面对的就是你要找的李总，你对他说：‘李总，你好！’他根本不想理你，冲你摆摆手说：‘李总不在！’我在县里当了15年的检察官，哪受过这种气？”从这里我们可以看出，外出打工干部异地的遭遇，与老百姓平时到机关办事的遭遇惊人的相似。笔者相信，年轻干部亲身经历了这种“礼遇”后，一定会改变他们对待百姓的态度，转变工作作风。

干部打工，是一种特殊的实践锻炼，是干部迅速成长的一种途径。这一举措能促使干部今后在学习上有新进步，在做人上有新境界，在做事上有新成效。

年轻领导干部不要热衷于找“靠山”

少数年轻领导干部热衷于找“靠山”，把过多的精力用于拉拉扯扯、请客送礼搞“感情投机”、编织关系网上，相应地用于学习和工作的时间就少了。结果往往是为政一番，政绩平庸，山河依旧，组织上不满意，群众不赞成，既误了工作，又误了个人前程。更为严重的是，少数年轻干部刻意寻找所谓的“靠山”，不但诱发干部投机心理，助长人身依附的封建意识，而且严重损害党的团结，破坏党风和社会风气，影响了党群干群关系，损害了党的形象和声誉。

少数年轻领导干部热衷于找“靠山”，说到底还是私心作怪，心浮气躁。他们有的急功近利，在一个工作岗位没干几年，就急于上调；有的平时不是想着多为群众办实事、谋实利，而是刻意包装自己、大力推销自己；有的不是用努力工作来赢得群众的拥护和支持，而是搞一些歪门邪道走捷径达到个人升迁的目的。如果存在这样的思想，就会整天设计自己的“升官图”，不仅工作不踏实，容易患得患失，而且还会去搞一些哗众取宠、沽名钓誉的形式主义，甚至走到跑官要官的邪路上去。

少数年轻领导干部热衷于找“靠山”，还因为在这些地方存在“少数人选人、在少数人中选人”的现象。选人用人历来关乎人心向背、社稷安危。中国共产党确定了任人唯贤的干部路线，坚决反对任人唯亲、搞“小圈子”等用人上的不正之风。但也要清醒地看到，当前在一些地方和部门，选人用人上的不正之风仍时有发生，有的还相当严重。比如，有的领导同志不顾组织原则，超越党委领导集体，指名要求组织部门安排某一干部；有的党委主要负责同志在讨论人事问题时，不是让大家发表意见，而是将个人意见强加于人，要求党委成员接受不适当人选，或压制优秀人选的任用；还有的虽然也经过了规定的程序，但执行不严格，把“程序”当成“过场”。在选人用人问题上，必须坚持德才兼备、以德为先的干部路线，看人品、看水平、看政绩，反对看关系、看“口技”、看假象；对那些热衷于走“上层路线”、溜须拍马的人，不仅不能当成“人才”提拔重用，而且要进行严肃的批评教育。

少数年轻领导干部热衷于找“靠山”，问题虽然出在基层干部身上，但责任主要在上级机关的领导干部身上。个别领导干部宗派思想严重，有的搞亲属远近，厚此薄彼；有的搞人情圈子，编织关系网；有的以人划线，凭个人好恶用人，把同志之间的关系变成了一种封建的人身依附关系。这是好人主义、自由主义、极端个人主义的表现，是剥削阶级那种低级庸俗的处世哲学、拉帮结派的宗法观念和唯利是图的市侩作风在我们干部队伍中的反映，都是党的纪律不允许的。年轻领导干部不仅不要热衷于找“靠山”，而且还要坚决反对找“靠山”的错误行为。

“热被窝”与“冷板凳”

有人谈起为官经历，说他钻过“热被窝”，也坐过“冷板凳”。他说，当上某县财政局局长，这是个“热被窝”，官不大，权不小，时时有人找，忙得挺热乎。因不谙酒席上的逢场作戏，领导认为他性格内向，不宜做财政工作，后被调任为监察局局长，这差事是冷板凳，他常在报刊上发表些愤世嫉俗的文章，以排解清冷之感。后来又被领导看中，调其任县政府办主任，于是这时又门庭若市，热闹起来。真可谓“月有阴晴圆缺，官有清贪冷热”。

何谓“热被窝”？大权在握，一言九鼎，一呼百应，炙手可热，此一热也；私谒接踵，此去彼来，门庭若市，热闹非凡，此二热也；有请必到，白吃白喝，酒酣耳热，此三热也。

何谓“冷板凳”？官大权小，既不管钱又不管物，锅空灶冷，此一冷也；闲坐公堂，无所事事，门可罗雀，心灰意冷，此二冷也；遇事求人，上下奔波，化缘唱诺，时遭冷遇，此三冷也。究其冷热根源，有权则热，无权则冷；有权则富在深山有远亲，无权则贫居闹市无人识。一些势利小人见有权者低头哈腰，巴结逢迎，极尽吹捧之能事，无事串门套近乎；望无权者视同陌路，间或寒暄致意，也是敷衍应付，心口不一。

我认为，势利小人固然可恶，可为官者也要正确对待冷热，树立正确的地位观。一方面，“热官”要冷做，头脑冷静，坚持原则，不要被热情的笑脸捧昏了头。当前特别要警惕权钱交易，莫搞权力寻租，要拒绝收礼受贿。有人信奉“道路难行钱作马，城池不克酒为兵”的处世哲学，但我以为“钱马”“酒兵”只能击败意志薄弱者，对广大清廉正直的党政干部而言，却是“富贵不能淫，贫贱不能移，威武不能屈”。要把“热被窝”里的热量传递给广大人民群众，不能靠“热被窝”营造安乐窝，以权谋私，贪赃枉法。须知“热官”不慎独不廉洁，势必变成贪官、昏官，有朝一日东窗事发，受到党纪国法的追究，从显赫巍峨的峰巅跌落下来，那可要被冷落一辈子，正所谓“春风一瞬，寒流终身”，真是得不偿失。另一方面，“冷官”也要热做，以满腔的热忱、积极进取的精神，在默默无闻的岗位上努力奉献，不要嫌弃“冷板凳”，眷恋“热被窝”。官位不管是冷是热，都是党分配的工作，都要做出热气腾腾的成绩来。少数党政干部怕坐“冷板凳”，除怕失去往日的威风外，跟孔方兄不无关系。如果不想捞油水、肥私囊，何冷之有？“冷官”也未必都是清官，有位统计局局长就因受贿后篡改某市的经济实绩数据而堕入错误的泥淖。再说，即使是“冷官”，也得有人去做，也一样能做出成绩，干成事业。

其实，“冷板凳”也能“焐”热。坐“冷板凳”时，要发挥自己的长处，不管外界的冷热，做出成效。我认为，有作为就有地位，有建树就有辉煌，如果你淡泊名利、兢兢业业、埋头苦干，平凡的岗位也能做出不平凡的事业，同样也能受到人民群众的拥护爱戴，鲜花和掌声也会飞到你的身旁。要“焐”热“冷板凳”，关键是要心底无私，耐得住寂寞，同时要不甘寂寞，爱岗敬业，创特色，争一流，把自己的工作做得有声有色，红红火火。

对组织部门来说，在调配干部时要适当地进行冷热对流，让“热被窝”和“冷板凳”换换位置也是必要的，不能叫“冷官”们长期蹲在“广寒宫”。同时要加强对“热官”的监督，增加制约因素，健全监督体系，特别是要推行政务公开，实施阳光操作，坚持集体领导，谨防大权独揽。对“冷官”则要多关怀，帮助他们解决生活上、工作上的困难，提高他们的生活待遇，改善他们的工作环境，让他们虽坐着“冷板凳”但心里热乎乎。

99条“坏处”与1条“好处”

红军初创时期，有位刚刚参军的青年问胡耀邦：“参加共产党有什么好处？”胡耀邦说：“让我看，参加共产党有99条‘坏处’，要吃苦在前，享受在后；要冲锋在前，退却在后；可能被杀头，还会坐牢；危险的工作要抢着干；如果军装不够，让给别人穿……要说好处，我看只有1条，全心全意为人民服务，人民拥护你。”

胡耀邦所说的入党的“好处”和“坏处”，实际上就是怎样看待个人利益的问题。怎么看待这些“好处”“坏处”，从一定程度上反映入党动机的纯洁与否。在战争年代，这99条“坏处”约束、鼓舞着每个共产党员去争取实现那1条“好处”，因为只有牺牲个人利益才能赢得全民族的共同利益，最终取得革命的胜利。

中国共产党夺取政权后成为执政党，没有了战争年代那种艰苦、险恶的环境和随时面临生死抉择的考验的客观条件，难免就有带着不同动机的人进入党内。

由于每个人的经历和所受的教育有较大差异，其世界观、人生观和价值观也不尽相同，入党的动机也就会有所不同。应当看到，现在申请入党的绝大多数人，能够在党组织的教育和帮助下，成为具有共产主义觉悟的先锋战士，能够更好地为人民服务、为实现共产主义理想而奋斗。然而，也有少数人在入党动机上存在这样或那样的偏差，最典型的一种是“入党做官”。这些人把入党当作“入股”，当作谋取“红利”的手段，当作捞取政治资本的途径。在这些人看来，“入党不当官，打着火把请我也不跨这个门槛”。于是，入党前卖力表现，入党后为了当官，想方设法表现自己，以期引起上级领导的注意，让他挑重担，给他戴乌纱。实践证明，这种人入了党，升了官，手上有了权，就会将个人利益置于国家和人民利益之上，甚至会走上贪污受贿的违法犯罪之路。

要让党员都用胡耀邦所说的“好处”“坏处”照照自己的思想深处，可以受到具体生动的教育，明白作为党员的世界观、人生观、价值观以及入党动机应有的深刻内涵。

两种“与众不同”

曾经有人说，共产党人是用特殊材料制成的人；也曾经有人说，共产党人也是人，这两种说法可以说都没有错。从生物学的角度讲，共产党人同样是肉身凡胎，同样有七情六欲，有正常的物质欲求……但是，从社会学、政治学的角度讲，共产党人又是无产阶级的先锋战士，他们可以不是完人，但他们身上必须体现出阶级的先进性、模范性，体现出某种“与众不同”之处。

在红军长征途中，有人看到风雪过后一位衣着单薄的红军老战士冻死在路边的一棵大树下，这位同志愤怒地嚷着要去找军需处长，想问问他为什么不及时给老同志发棉衣。旁边一位同志含着眼泪说：“别找了，他就是军需处长!”这位军需处长是一名共产党员，他把仅有的一些棉衣发给了其他同志，而自己却在严寒中倒下——这就是战争年代共产党人的“与众不同”。

一位在抗洪抢险中为人民献出了宝贵生命的年轻共产党员，生前曾多次说过这样一句话："作为一名共产党员，要做到平时看得出来，关键时刻站得出来，生死关头豁得出来。"这"三个出来"，可以说是和平年代共产党人的"与众不同"。

吉林省榆树市太安乡农民党员陈云莲，以自己无私的行动感召和带领3000多户农民通过种植青椒走上了致富路。她无偿向乡亲们传授技术，垫上自己的几万元钱为乡亲们购买地膜、化肥、种子、农药，不收分文利息。她说："我不能一个人富得流油，而看着广大乡亲们受穷。""群众喜欢我，就是因为我不自私。"这是发展市场经济、全面建成小康社会条件下共产党人的"与众不同"。

正是这种可贵的"与众不同"，使中国共产党产生了巨大的凝聚力、向心力和号召力，使党的队伍不断壮大，革命不断胜利，事业不断前进。然而，时下在一些共产党员特别是党员领导干部身上，也存在另外一种"与众不同"。他们或是高高在上，脱离群众；或是瞒上欺下，弄虚作假；或是贪图私利，以权谋私；或是挥霍公款，生活奢侈，甚至腐化堕落，欺压群众……群众称这些"与众不同"的党员干部是"吃喝冲在第一线，斗志退到贫困线，违纪越过警戒线"的"三线党员干部"，是凌驾于组织和群众之上、凌驾于党纪国法之上的"特殊党员"。近些年来查处的那些腐败分子就是这类"与众不同"的典型代表。贪官慕绥新的"与众不同"之处，甚至早在他的罪行败露之前，就已经被香港的新闻记者看出来了。他一身的名牌"行头"，少说也有好几万元，一个共产党的市长，月薪几千元，如何消费得起？贪官李嘉廷的"与众不同"之处，也是在他的罪行败露之前，就被昆明的一个老板看出来了。当他频频出现在消费最昂贵、最豪华的包间里，和社会上各种各样"有脸面的人物"来往时，这个老板就说："我用脑袋担保，李嘉廷早晚要出事。"如此"与众不同"，完全背离了党的宗旨、违背了党的原则、损害了党的形象、败坏了党的声誉、破坏了党群关系，是党的纪律绝不容许的。

如果说共产党员必须“与众不同”，那么，这个“不同”首先就是无怨无悔的奉献精神，像那位红军军需处长那样先人后己，把生的希望留给战友；像那位在抗洪抢险中牺牲的共产党员那样“三个出来”；像陈云莲那样，“不自私”“多奉献”“让群众说共产党好”；像焦裕禄、孔繁森、汪洋湖、郑培民、杨善洲那样，时时处处把人民的利益放在第一位。这种可贵的“与众不同”，是中国共产党的性质和宗旨的生动体现，是先锋队成员的鲜明特征，需要我们永远继承、保持和发扬下去。

避免“本领恐慌”

1939年，毛泽东在延安在职干部教育动员大会上讲话时指出：“我们队伍里边有一种恐慌，不是经济恐慌，也不是政治恐慌，而是本领恐慌。过去学的本领只有一点点，今天用一些，明天用一些，渐渐告罄了……学习本领，这是我们许多干部所迫切需要的。”在这里，毛泽东同志将本领恐慌提到比政治恐慌、经济恐慌更加重要的程度，足见增强学习本领、克服本领恐慌极其重要。

所谓恐慌，是由心理上的压力而引发的一种不适的思想精神状态，一般表现为紧张、惶恐和担忧，是通常所说的慌张不安或危机感。应当承认，面对日新月异的社会生活，本领上的不适应是难免的，也是正常的。因为有了危机感，往往会想办法避免危机，就不会产生危机，倒是没有危机感，恰恰说明正处于危机之中。但是，我们还必须认识到，如果有恐慌而不能及时得到很好的解决，则会因为长时间的恐慌而压抑或焦灼不安，并且容易急躁，也会因为恐慌而自怨自艾，甚至因怀疑自己而自暴自弃；如果有恐慌而不承认，不正视恐慌，则更会因为自以为是、盲目乐观而不能正确对待自己，使自己与社会前进的距离越拉越远，最终被时代所淘汰。

如今，面对新时代新机遇和新挑战，更应当有“本领恐慌”感。特别是中青年领导干部，肩负着治国兴邦的历史重任，在全新的形势、任务面前，需要有一种清醒、一种忧患、一种自励，需要认识到自己的不足。冷静分析，在一些中青年领导干部身上，确实存在某些方面、某种程度上的“本领恐慌”，具体表现在以下几个方面。

缺乏用科学理论指导实践的本领。马克思列宁主义、毛泽东思想、邓小平理论、“三个代表”重要思想、科学发展观、习近平新时代中国特色社会主义思想，是共产党人改造世界的精神武器和行动指南，是科学的世界观和方法论。但有的同志由于理论学习不够、实践经验不足，因而缺乏对马克思主义的全面理解和熟练运用：或者教条式地对待马克思主义，不善于把科学理论和上级精神转变为切合本单位实际的科学决策思路和工作办法；或者不善于在实际工作中运用理论，不会从理论层面上思考现实问题，工作分不清主次、掂不出轻重、理不出头绪，不善于统揽和驾驭全局，因而往往工作辛辛苦苦、忙忙碌碌，但忙不到点子上。

缺乏引导群众思想、凝聚群众力量、激发群众积极性和创造性的本领。当前，我们的社会情况发生了一些深刻复杂的新变化。面对这些新情况、新问题、新变化，如何加强和改善党的思想、政治和组织领导，这是巩固中国共产党的执政地位，维护社会主义政权的根本性的重大问题。有的同志对党的思想政治工作重视得不够，工作方法老化，形式单调，管用的办法也不多。

缺乏协调关系、化解矛盾、理顺情绪、维护安定的本领。有的同志攻坚克难的能力不强，尤其在各种突发事件、棘手问题、利益纠纷问题上显得手足无措，处置不力，问题得不到及时解决，导致矛盾激化、后果加重，给国家和人民利益带来损失。

缺乏创造性开展工作的本领。在一些庸俗哲学、市侩哲学的影响下，有的同志明哲保身，安于现状，缺乏创新意识、机遇意识、竞争意识和责任意识，习惯于当太平官，过安稳日子，只求过得去，不求干得好，得过且过，应付了事。

面对本领恐慌，我们该怎么办？唯一的出路在于学习。只有学习，才能丰富和充实自己的知识，不断地适应外部环境的变化，不断获得高能力、高素质，才能不断地克服本领恐慌并走向成功。因此，要变本领的恐慌为学习的动力。既要潜心学习书本上的知识，积极拓宽知识面，努力实现从单一性知识结构向复合型知识结构的转变，又要善于向工作实践学习。实践出真知，现实生活是一所大学校，在实践中探索和磨炼，可以长见识、增才干。作为一名领导干部应当明白，新形势下不断涌现的新情况、新问题和新矛盾，既是对一个人本领的挑战，更是提高和增强本领的好机会。面对飞速发展的世界和不断变化的形势，正确的选择是坚持活到老、学到老，做学习型干部，努力掌握新知识，不断积累新经验，切实增长新本领，把新能力转化成新发展，把新发展转化为新局面。

青蛙溺水的启示

美国康奈尔大学的研究人员曾做过一项著名的实验：把一只青蛙突然丢进煮沸的油锅里，青蛙竟出人意料地骤然跃出，安然逃生。之后再将这只青蛙放进冷水锅里，然后把水慢慢加热，一开始青蛙在温暖的水里显得十分安逸自在，待其意识到危险逼近时，却因懈怠散漫已久，失去了爆发力，最终溺死于锅里。

青蛙溺水使人想到有少数党员干部，特别是领导干部，他们能在突如其来的大风大浪中发挥出超常的体能，从而站稳脚跟，但是却没能经受住“四大考验”，随着地位和环境的改变，头脑膨胀，渐渐地昏昏然起来，放松甚至丧失了对“温度”的警惕，贪图安逸，脱离民心，不知不觉地在不断升温的“欲锅”里被溺死了。

《刘子·防欲》说：“欲炽则身亡。”近年来，新闻媒体接连曝光的“老虎”“苍蝇”，虽然情节和贪污受贿的数额不尽相同，但都因追求安逸享乐，抵挡不住或为权或为钱或为色或为物的诱惑和侵蚀而“溺水”身亡。

历史的教训是十分深刻的。邓小平同志在改革开放之初就曾严肃指出，我们自从实行对外开放和对内搞活经济两个方面政策以来，不过一两年的时间，就有相当多的干部被腐蚀……这股风来得很猛，如果中国共产党不严肃注意，那么，中国共产党和国家确实要发生会不会“改变面貌”的问题。因此，防止和抵制贪图安逸、腐化奢侈的思想已成为全党一项刻不容缓的任务。作为年轻干部，经得住外界环境的各种变化和考验，继续保持和发扬艰苦奋斗的优良传统和作风，自觉加强党性锻炼，提高自身免疫能力，“拒腐蚀，永不沾”；要时时对“温度”保持清醒和高度的警觉，树立忧患意识，做到“如临深渊，如履薄冰”，居安思危；要敢于向自我挑战，克服小富即安、居功自傲的心理，做到“对镜自勉，防骄戒满”，吾日三省吾身。

成为一名公务员——我准备好了

“学而优则仕”是封建社会所有读书人的终极理想，直到今天，其影响力依然存在，从报考公务员热高温持续不退可见一斑。现今选拔公务员偏重知识的考查，忽视素质能力和其他方面的考核，以致“高分低能”的现象时有发生。我认为，公务员是人民的勤务员，应该全面提高自己的素质和能力，真正做到为民、务实、清廉、阳光。为此，成为一名公务员应该是“我已做了充分准备”。

成为一名为民的公务员，我准备好了。为民就是为了人民，就是权为民所用，情为民所系，利为民所谋。我们的政府是人民的政府，党和政府的宗旨都是全心全意为人民服务。“一切为了人民，一切依靠人民，从人民中来，到人民中去。”有了为民的思想，才会有为民的行动。如果我能成为一名公务员，我将以“万事民为先”的觉悟倾听民声，了解民意，集中民智，想人民之所想，急人民之所急，帮人民之所需，树立执政为民的崇高形象。

成为一名务实的公务员，我准备好了。务实就是求真务实，就是真抓实干，就是一切从实际出发，实事求是，就是为群众办实事、做好事、解难事。务实不仅是一种作风，也是一种精神，更是一种境界。务实是密切党群、干群关系的重要法宝，是建设诚信政府的重要保证，是公务员健康成长的重要途径。务实才会深入基层，深入群众；务实才会发扬民主，科学决策；务实才会坚决执行，落实到位。如果我能成为一名公务员，我将以务实的作风认真贯彻执行党和国家的路线方针政策，积极主动落实组织的决定和领导的指示，树立求真务实的良好形象。

成为一名清廉的公务员，我准备好了。清廉就是清正廉洁，就是不以权谋私，不损公肥私，不假公济私，不贪污受贿。俗话说：“清则无私，廉则生威。”清廉是公务员必须具备的政治素质，也是公务员的政治生命。公务员就意味着为公奉公，就意味着公而忘私，大公无私。如果当公务员的动机不纯洁，是为了私利捞好处，是为了光宗耀祖，那是非常危险的。如果我能成为一名公务员，我将清廉执法，清廉办事，清廉为人，树立清正廉洁的无私形象。

成为一名阳光的公务员，我准备好了。阳光是指身心健康，是指积极向上的精神状态和社会适应能力。有关调查显示，中国公务员队伍中有29.3%的人存在心理健康问题。在所有的心理疾病患者中，公务员约占

10%，这一比例高于其他任何职业。据了解，目前公务员经常出现的心理问题主要有心理失衡、人际困难、成功焦虑和工作倦怠等。如果我能成为一名公务员，我将以阳光的心态面对困难和挫折、面对压力和挑战、面对问题和矛盾、面对升降和去留，用自己的阳光和正能量去感染身边的每一个人。

为民、务实、清廉、阳光，是党和人民对公务员的基本要求，也是衡量一个公务员是否优秀的主要标志。成为一名公务员是我的职业理想，也是我的人生追求。我将牢固树立为民的思想，大力弘扬务实的精神，永葆清廉的本色，始终保持阳光的心态，为成为一名优秀的公务员而努力奋斗！

加强行政伦理建设刻不容缓

“政者，正也。其身正，不令而行；其身不正，虽令不从。”政府和公务员必须立身以正，按照正当的伦理标准行事，才可能树立自身的威信，有效地管理国家和社会事务，使广大民众心悦诚服。党和政府历来重视行政伦理建设，但毋庸讳言，我国行政伦理建设总体上依然滞后于经济社会的发展，一些政府部门和公务员存在的败德失政行为，损害了公共利益，影响了政府的公信力。“立党为公，执政为民”决定了我们的党绝不是一个谋求私利的党，决定了行政伦理失范问题必须解决。党和政府提出依法治国和以德治国相结合，以道德建设为根本，以制度建设为保障，惩防并举、教育监督并重，全面推进行政伦理建设，这是解决这一问题的必由之路。

推进行政伦理建设，加强教育是前提。首先必须确立合理、实用的行政伦理标准，改变以往制定标准不切实际、过于空泛的倾向，将社会主义核心价值体系的有关要求具体化，制定出一套符合我国社会转型期政府实际的伦理标准，明确政府和公务员必须遵守的道德准则。通过教育，提醒公务员牢记对公众所负的责任，切实树立维护公共利益的职业道德信念，坚持廉洁奉公、依法行政，时刻规范自己的言行，防止违法乱纪行为的发生。

推进行政伦理建设，健全法律是根本。要推动行政伦理立法，为规范权力运行、实施行政伦理监督提供依据。借鉴其他国家的立法经验并根据我国的现实情况，当前亟须制定行政伦理法，确立行政伦理的基本精神，用法律的形式将公务员应当遵守的伦理准则和规范固定下来，使公务员遵守和执行、相关部门开展监督都能有法可依。在此基础上，健全各项配套的法律法规，形成完善的法律体系，从而推动行政伦理建设规范发展。

推进行政伦理建设，强化监督是保证。要建立多层次、多形式的监督机制。例如，在现行述职报告制度内融入行政伦理情况的内容，建立道德审议制度，将政府和公务员的道德品行作为述职评议的重要内容；进一步发挥群众监督和新闻监督作用，及时曝光政府和公务员不作为、乱作为的情况，对失范行为形成强大的社会舆论压力；将行政伦理失范行为纳入行政问责制的范围，对行为不检者严格实行责任追究，加大惩治力度，使各级政府和全体公务员引以为戒，自觉预防和纠正失范行为。

“子帅以正，孰敢不正？”只有把行政伦理教育同完善监督制度结合起来，加强行政伦理建设，才能促进政府公正执法、秉公用权，不断提高政府的公信力，为构建社会主义和谐社会、全面建设社会主义现代化国家提供可靠保障。

第十四章

领导素质问题

闲话领导的“看”与“法”

什么叫“看”？按本人的粗浅理解，“看”就是用眼睛打量事物。李白诗云：“日照香炉生紫烟，遥看瀑布挂前川。飞流直下三千尺，疑是银河落九天。”紫烟也好，瀑布也好，飞流也罢，都是“看”出来的，“银河落九天”才是他的想象。又如“文似看山不喜平”，说的是文章不能平铺直叙，读文章如同看山，一坦平原可不好看哦。

什么叫“法”？“法”是体现统治阶级的意志，由国家制定或认可，用国家强制力保证执行的行为规则的总称，包括法律、法令、条例、命令、决定等。浅显地说，国有国法，家有家规。这个“法”，是一种原则、章程、规范、制度之类的东西。

“看”加上“法”，组成了一个词语，叫“看法”。“对这个问题，你有何看法？”“大家对上面讨论的事情还有什么看法？”“××，最近领导对你有点看法了。”这里的“看法”就是“意见”，且是不好的“意见”。

在一些地方、一些部门，最大的“法”是什么？不是国家的宪法，而是领导的看法。领导的“看法”决定着一个人的前程和命运。只要在领导那里印象不好，“看法”不好，你就可能永无出头之日。“说你行你就行不行也行，说不行就不行行也不行”，加上横批：“不服不行”。这就是某些领导同志用“看法”的成果，也是一些有志之士惨遭厄运的生动写照。由此，笔者不禁发出一些感慨。

领导者应如何“看”人。“君子坦荡荡，小人长戚戚。”一些正直之士常常直言不讳，对单位工作敢于批评，甚至对领导的工作方法也敢于提出不同看法，这说明他对单位的工作非常负责，对领导非常关心，这是非常可贵的。而当面吹吹拍拍的人，背后可能是说瞎话最多的人，只是没被领导“发现”而已。

“看”了之后，最好不要轻易形成“看法”。笔者认为，对一个人的全面了解，需要一个过程，远不是几句话、一件事可以完成的，而现实生活中，个别领导往往先入为主，凭印象，凭“八戒”们的几句瞎话，凭对一时一事的个人好恶，就轻易形成了对一个人的“看法”。这样，轻则误人，重则误国，不利于人才的成长，不利于单位和谐氛围的形成。久而久之，你高高在上，说一不二，其他人不敢随便提建议，更不敢提意见。你倒是耳根清净了，你也不用对张三、李四有“看法”了，但单位的工作可能从此受到影响，思想趋于僵化，舆论趋于一致，局面好像很稳，殊不知，这样一来，群众对你这个领导也有“看法”了。千万不可不深思熟虑啊！

“看”错了不要紧，可以矫正。“人非圣贤，孰能无过？”领导也是人，也有可能看错人，只要知错就改就是好同志。作为领导，对下属的缺点错误要包容，既要严肃指出，又要热心帮助，目的是提高成绩，纠正错误。领导因看走了“眼”，冤枉了自己的同志，也可以倾心“交谈”，消除误会，达成共识。

领导决策不能劳民伤财

有一个故事是这样讲的：很久很久以前，人们都还赤着双脚走路。有一位国王到某个偏远的乡间旅行，因为路面崎岖不平，有很多碎石刺得他的脚又痛又麻。回到王宫后，他下了一道命令，要将国内的所有道路铺上一层牛皮。他认为这样做，不只是为自己，还可造福于民，让大家走路时不再受刺痛之苦，但即使杀尽国内所有的牛，也筹措不到足够的皮革，而所花费的金钱、动用的人力将会不计其数。不但根本做不到，还相当愚蠢，但因为是国王的命令，大家也只能摇头叹息。一位聪明的仆人大胆向国王提出建言："国王啊！为什么您要劳师动众，牺牲那么多头牛，花费那么多金钱呢？您何不只用两小片牛皮包住您的脚呢？"国王听了很惊讶，却当下领悟，立刻收回成命，采纳了这个建议。这个故事告诉我们，领导决策事关工作成败，事关民心向背，事关百姓福祉。要实现领导决策科学化，必须深思熟虑、实事求是、创新方法、集思广益。只有这样，才不会好心办坏事，才不会劳民伤财。

领导决策要深思熟虑。俗话说，凡事预则立，不预则废。国王在发现自己的脚被路面的碎石刺痛后，回到王宫就下了一道命令。如此"迅速"地拍板，本意虽好，但缺乏深思熟虑，劳民伤财，"大家也只能摇头叹息"。因此，领导干部既要爱民也应惜民，要问政于民、问需于民、问计于民，才能真正作出成熟和正确的决策。

领导决策要实事求是。办事应从客观实际出发，不能想当然而为之。否则，决策就不可行，就会事倍功半甚至失败。国王认为解决脚被刺痛这个问题的方法就是"将国内的所有道路铺上一层牛皮"。但是，从客观角度来看，即使"杀尽国内所有的牛"，"花费的金钱，动用的人力将不计其数"，也无法筹措到足够的牛皮。因此，没有调查就没有决策权，任何领导决策都不能只凭主观臆想，而应充分考虑实际情况，作出实事求是的决策。

领导决策要创新方法。聪明的仆人向国王建言："您何不只用两小片牛皮包住您的脚呢？"这就以最低的成本解决了碎石刺脚的问题，避免了劳民伤财的局面，利国也利民。正所谓思路决定出路，思考问题的角度不同，事情发展的结果也大不相同。这就提醒领导在决策时要有新思维、新思路，要创新方法、创新举措、创新方案，使之真正成为人民满意的决策和最优的决策。

领导决策要集思广益。俗话说"三个臭皮匠赛过诸葛亮"。群众的智慧是无穷无尽的，不可估量的。国王在经历脚被刺痛后，一回到王宫就下了一道命令，充分说明国王独断专行，缺乏集思广益。但当他听了那位聪明仆人的建言后，"当下领悟，立即收回成命"，这充分体现了国王能够虚心"纳谏"，具有民主作风，的确难能可贵。因此，领导决策必须集思广益，必须认真倾听群众呼声，广泛集中群众智慧，虚心采纳群众建议。

人民满意与否，不在于领导做了什么决策，做了多少决策，而在于领导决策是否符合人民的利益并真正实现人民的利益。领导决策只有真正符合并实现了人民的利益，才能真正做到好心办好事，才能真正防止劳民伤财。

领导干部莫做"井底之蛙"

"井底之蛙"现象提醒我们，领导干部要开阔视野，勤奋学习，积极进取，莫做"井底之蛙"。

领导干部莫做"井底之蛙"，要拓宽视野，增长见识。视野决定着一个人见识的宽度、思维的广度和境界的高度。领导干部不应该视野狭窄，见识短浅，而应主动拓宽视野，增长见识。领导干部只有视野宽广，才能站在更高的层面，关注国家的前途和命运，关注世界的发展和变化；才能树立更加远大的人生目标，拥有更加充足的前进动力，拥有更加积极的工作状态；才能克服自以为是、骄傲自满的情绪，摆脱思想僵化、观念陈旧的束缚。如果视野不宽广，就会导致思维不开阔，不能全面客观地看待事物，不能深刻地分析问题，不能正确地解决问题。领导干部要勇于走出“井底”，敢于打开视野，放眼世界，超越自我。

领导干部莫做“井底之蛙”，要加强学习，提升能力。学习是适应新形势、解决新问题、开创新局面的必然要求，也是提高素质、提升能力、完善自我的迫切需要。领导干部要做学习型干部，树立终身学习的理念，认真学习中国特色社会主义理论体系，认真学习党和国家路线、方针、政策，认真学习领导科学和管理理论，认真学习经济、政治、法律、科学技术和历史知识，不断夯实自己的理论功底，不断提高运用理论解决现实问题的能力，推动工作顺利开展。

领导干部莫做“井底之蛙”，要积极向上，开拓进取。积极进取是一种不畏逆境、勇于探索、永不满足、奋勇前进的精神。领导干部不应该安于现状、自以为是、不思进取，而应该迎难而上，百折不挠，顽强奋斗。领导干部遇到问题时不能不知所措、畏缩不前甚至打退堂鼓，丧失继续前进的斗志和动力。领导干部要学习、继承和发扬老一辈无产阶级革命家艰苦奋斗、顽强拼搏的革命精神，以饱满的热情、积极的态度投入工作中，更好地为人民服务。

古人云：天外有天，人外有人。领导干部应铭记这一古训，积极拓宽视野，主动加强学习，不断开拓进取，要做翱翔蓝天的雄鹰，不做“井底之蛙”！

领导干部要“始终装着问题”

有人问爱因斯坦：“您脑子里都装着什么？”爱因斯坦回答说：“我脑子里始终都装着问题。”矛盾无处不有，问题无处不在，发展的过程就是一个不断解决矛盾和问题的过程。对于领导干部来说，始终装着问题，折射出的不仅是一种态度，更是一种责任。

始终装着问题，前提是要有强烈的问题意识。著名教育家陶行知说过：发明千千万，起点是一问；人力胜天工，只是每事问。问题，是推进建设、改革、发展需要认真研究并加以解决的矛盾和疑难之事。是否具有强烈的问题意识，是衡量领导干部思想作风、工作水平、领导方法的重要标志之一。问题作为一种客观存在，有的显而易见，有的深藏于复杂的表象之中，只有保持强烈的问题意识，才能增强洞察问题的敏感性。问题的形成和发展，必然要具备一定的条件，经历一个时间过程，越早发现则问题越小，越晚发现则问题越大，解决的难度就越大，甚至会吃大苦头。判定一个领导干部有没有强烈的问题意识，就看他能不能主动正视问题，善于发现问题。

始终装着问题，关键是要思考问题。人因思想而站立，思想因问题而升华。对于领导干部来说，思考越经常，思想越丰富；思考越具体，思路越清晰；思考越深入，决策就越科学、正确。现在，有的领导干部不愿思考问题，不善于思考问题。究其原因，有的事业心责任感不强，得过且过，做一天和尚撞一天钟，出不了思想，拿不出思路；有的精神状态不够振奋，心浮气躁，意志消沉，热衷于迎来送往，没有心思思考问题；有的思想作风不够端正，要么嘴上喊着问题，本上写着问题，就是不用心思考问题，要么只盯着细枝末节、鸡毛蒜皮的问题，不愿触及深层次的问题。不思考问题，就装不下问题；不深入思考问题，就把握不了事物的本质规律。如此，工作要开展得深入也难，决策要做得对路更难。

始终装着问题，核心是要解决问题。古人云：“为官避事平生耻。”领导干部居其位，就要谋其政、尽其责。首先就要牢固确立发现问题是水平、汇报问题是党性、指出问题是责任、解决问题是政绩的观念。其次要敢于亮剑，亮剑一靠能力素质，要拿得出解决问题的招数；二靠党性原则，要有敢于出招的勇气。时下一些单位的难点敏感问题长期解决不了，更多的不是拿不出招数，而是不愿、不敢出招，怕负责任，怕担风险，怕一旦决策之后问题解决得不好，会给自己的形象和前途带来不利影响。只有抛开私利、直面挑战，才能把重大问题研究好、敏感问题处理好、棘手问题破解好。

习近平总书记的一系列重要讲话，始终贯穿着一个鲜明的理念：问题导向。当代中国在转型与变革中积累起实现民族复兴的强大动能，同时也面临着错综复杂的矛盾和前所未有的挑战。坚持和发展中国特色社会主义，必须强化问题意识、坚持问题导向。树立问题意识是思考问题的前提，善于思考问题是解决问题的基础，解决问题是根本目的。领导干部只有脑子里始终装着问题，才能保持清醒头脑，把握事物的特点和规律，善于解决发展中的问题，从而更好地履行好党和人民赋予的职责使命。

社会管理的核心是善待百姓

孟子说：爱人者，人恒爱之。善待百姓者，必为百姓所拥戴。西方有句格言：你待人当如人之待你。不善待百姓者，必为百姓所抛弃。所以，善待百姓就是善待自己。百姓，群众也，人民也。善待百姓，符合党的全心全意为人民服务的宗旨，符合全面建设社会主义现代化国家的目标，符合加强社会管理创新的时代要求。

善待百姓是职责所在。为人民服务是党的根本宗旨，权为民所用，情为民所系，利为民所谋，善待百姓是党的干部的职责所在。基层工作岗位，直接与百姓打交道，是落实党的方针、政策的关键环节，如果不能善待百姓就是失职、渎职。

善待百姓是稳定与发展之方。当前，国家处于社会转型发展的关键时期，保稳定、谋发展，是党和人民赋予基层党委、政府的重要职责，不善待百姓，百姓也不会善待你，你的话就没人听，你的工作就难以推动，甚至会与百姓发生冲突。那么，稳定必受威胁，发展也就无从谈起。

善待百姓是人生价值之体现。作为基层党员干部，树立正确的人生观、价值观是确保职责不忘，工作不偏，错误不犯的基本要求。善待百姓过程中获得的成就感和百姓认同的幸福感，是感人的快乐，是充实的快乐，是人生价值的体现。正所谓赠人玫瑰，手有余香。

善待百姓是善待自己之策。善待百姓，需要付出，有付出才能有回报，否则难以持续产生善待百姓的内在驱动力。回报的方式有精神的，有物质的。善待百姓必定赢得百姓赞许和拥护，继而获得组织认同，个人事业与百姓利益融为一体，自身价值与能力因此得以体现，是为精神回报；善待百姓广交百姓朋友，无论风云变幻，自可确保本地和谐与自身安全，屹立于大浪淘沙环境而不倒。“好人好报”“水可载舟，亦可覆舟”，这些箴言无不说明了善待百姓之广义层面的物质回报。

群众的眼睛是雪亮的，你是虚情假意，还是作秀唱高调，百姓心里最清楚。只有真情实意对待百姓，心里装着人民利益，维护百姓利益和社会公平正义，不断提高为人民服务的本领，方能赢得民心并提高领导干部的公信力、号召力。

领导就是服务

2014年2月7日，习近平主席在俄罗斯索契接受俄罗斯电视台专访时指出：“中国共产党坚持执政为民，人民对美好生活的向往就是我们的奋斗目标。我的执政理念，概括起来说就是：为人民服务，担当起该担当的责任。”[①] 领导的根本问题是领导者和群众的关系问题，归根结底是为谁服务的问题。没有服务精神、不愿承担服务义务的人，不可能成为一个合格的现代领导者。邓小平强调指出，党的全部任务就是全心全意为人民服务，1985年他又提出了“领导就是服务”的科学论断。

“领导就是服务”是对马克思主义领导理论的高度概括。马克思主义认为，领导属于上层建筑，是为经济基础服务的；在阶级社会里，不同阶级的领导维护不同阶级的利益，为不同的阶级服务。“领导就是服务”高度概括了中国共产党执掌政权的性质，精确表述了党的领导与人民群众的关系，从而丰富和发展了马克思主义领导理论。

“领导就是服务”是对中国共产党全部历史经验的科学总结。中国共产党之所以能够由小到大，由弱到强，胜利地夺取政权，领导和团结全国各族人民取得改革开放和社会主义现代化建设的巨大成就，根本的原因就在于中国共产党始终如一地坚持了全心全意为人民服务的宗旨，始终如一地保持了同人民群众的血肉联系。

在新时代，全面贯彻“领导就是服务”的思想，必须在以下几个方面下功夫。

一是要坚持群众路线，认真实践为人民服务的思想。人民群众是中国共产党的力量之源和胜利之本，也是我们服务的对象。“一切为了群众，

① 习近平：《习近平接受俄罗斯电视台专访》，人民网2014年02月09日。

一切依靠群众，从群众中来，到群众中去”的群众路线，是我们实践为人民服务的根本途径。在任何时候、任何情况下，我们都要坚持群众观点、贯彻群众路线、倾听群众呼声、关心群众疾苦、集中群众智慧，把人民“拥护不拥护”“赞成不赞成”“高兴不高兴”“答应不答应”作为领导工作的出发点和归宿，真正做到为官一任，造福一方。

二是要注重党性修养，不断提高为人民服务的自觉性。党性强弱决定为人民服务的自觉性的高低。领导干部要通过加强党性修养和锻炼，牢固树立正确的权力观，努力实现权力与责任、义务的高度统一；牢固树立正确的地位观，正确对待个人的名利地位，解决好做事与做官的问题；牢固树立正确的利益观，坚持党和人民的利益高于一切。

三是要加强学习，努力提高为人民服务的本领。面对百年未有之大变局，面对新时代出现的新情况和新问题，面对繁重艰巨的改革、发展和建设任务，我们的知识水平和领导能力与党和人民的要求还有很大差距。每一个党员干部特别是领导干部都要发扬党的理论联系实际的学风，通过学习，不断提高科学判断形势的能力、驾驭市场经济的能力、应对复杂局面的能力、依法执政的能力和总揽全局的能力，不辱党的使命，不负人民的重托，全心全意为人民服好务、办好事、谋好利。

四是要深化改革，建立健全为人民服务的机制。北京市委曾做过一个千人问卷调查，结果有80%的人对“你是否认为领导都在为人民服务”的问题持否定态度。每个党员干部都懂得“领导就是服务”的道理，但是为什么会有这么多人对“领导的服务”持否定态度呢？为此，当务之急是要量化服务指标、优化服务考核、强化服务监督，把服务的好坏与干部的职务升降直接挂钩，“以服务论英雄”。

领导就是服务，是中国共产党的优良传统和作风，是中国共产党的性质和宗旨的集中体现，是全面建设社会主义现代化国家的重要保证。每个领导干部都要牢固树立“领导就是服务”的思想，在领导过程中服好务，在服务过程中加强领导。

公仆的责任

习近平总书记强调："我们党的各级干部是人民的公仆、人民的勤务员"。[①] 人民是国家的主人，领导干部是人民的公仆。公仆的责任就是全心全意为人民服务，就是为官一任，造福一方，就是为民办事，为民谋利。

作为人民公仆，不论职务高低、权力大小，都是人民的勤务员。正如周恩来所说："其实我这个总理，就是人民的总管理员。"职务是履行责任的工具，"官"越大，责任越大，肩上的担子越重。尽职尽责是每位公仆应有的品质。周恩来日理万机，鞠躬尽瘁；焦裕禄体察民情，心系群众；孔繁森为藏族老大娘寒冬暖脚，卖血抚养两位藏族儿童……他们无一不是在尽公仆的责任。

由此看来，强化公仆的责任十分必要。"当官不为民做主，不如回家卖红薯"，诚哉斯言。一个地区、一个部门，几百人、几千人、几万人甚至几十万人、几百万人层层选拔，选了那么几个领导干部，如果这几个人都不干"活"，不为天下谋而为自己谋，岂非糟蹋党和人民的事业？因而，为官一任，造福一方，应当是公仆的首要责任。当领导要讲政绩，政绩当为人民谋。河南卫辉市委副书记兼唐庄镇党委书记吴金印，几十年来埋头苦干，勤勤恳恳为民办事，"干一处，响一处，走一路，富一路"，把穷山沟改造成了花果山、米粮川。他说，老百姓养一头猪一年能换几百元，养一只鸡一年能下一罐蛋，咱当干部的吃的用的都是老百姓的，如

① 习近平：《努力造就一支忠诚干净担当的高素质干部队伍》，《求是》2019年第2期。

果不替老百姓办事，还不如一头猪、一只鸡。他说的是何等形象、何等深刻啊！

强化公仆的责任，首要的问题是要增强与人民群众的感情，始终保持与人民群众的血肉联系。要心系于民，“一枝一叶总关情”；要时刻摆正自己与人民群众的位置，不忘宗旨，不忘自己是人民的公仆；要用“心”、用实际行动为人民办事，像焦裕禄、孔繁森等优秀党员干部那样，把政绩的丰碑深深地刻在人民群众的心中。

强化公仆的责任，核心的问题是要树立正确的权力观。权力意味着责任，意味着一切工作必须对人民负责。一个领导干部如果没有正确的权力观，就不可能切实履行公仆的责任。因此，每个党员干部特别是领导干部都要牢固树立马克思主义权力观，真正做到执政为民，用权为公，努力实现对上负责与对下负责的一致性。

强化公仆的责任，根本的问题是要建立和完善权责一致的体制机制。党规国法对公仆的责任都有明确具体的规定，但是由于我们的体制、机制或制度还不健全，对那些只行使权力、不担负责任的领导干部，存在制约不力、惩罚不明、处置不严的情形，以致以权谋私、权责脱节的现象还严重存在。针对这个问题，我们必须坚持党要管党、从严治党的方针，对领导干部实行严格要求、严格教育、严格管理、严格监督，从体制机制上保证各级领导干部尽职尽责、尽心尽力，做到兴一方经济、富一方百姓、保一方平安。

兼听则明，偏信则暗

汉代王符在《潜夫论·明暗》中说：“君之所以明者，兼听也；其所以暗者，偏信也。”这句话说明了一个深刻的道理：凡事听取多方面的意见就能了解事情的真相，就可以作出正确的判断和决策。如果只满足于听信单方面的意见，自己就会稀里糊涂，迷失方向。汉高祖刘邦之所以能开创大汉基业，唐太宗李世民之所以能创造“贞观之治”，就在于他们能从谏如流，善于听取臣下不同的意见，而这也证明了“兼听则明，偏信则暗”的道理。

一个高明的领导者应具有海纳百川的宽阔胸襟，能够兼听不同的声音。要认识到“兼听”的重要性，首先就要认识到个人智慧的局限性。三百六十行，行行都有其不同的技艺和特点，领导者纵使能博览群书，通晓古今，也做不到行行在行。特别是在科学技术日新月异的今天，新知识、新事物层出不穷，让领导者决策面临不少挑战。“没有调查就没有发言权”，领导者只有认识到自身的局限性，才会做到“兼听”，才能听得进不同的意见，才能集思广益，作出正确的决策。

领导者做到虚心纳谏和广泛纳谏还不够，如果缺乏识谏的智慧，贤愚不分，是非不辨，势必会使好意见得不到采纳，最后造成判断错误、决策失误。报纸上频频曝光的“形象工程”“面子工程”“半拉子工程”，如果当初领导者在决策前多听听民众的呼声，多想想本地的实际，就不会去搞耗费大量人力物力的“政绩工程”。在许许多多的谏言中，总有上策、中策、下策之分，领导者必须具有明辨是非的能力，要善于从众多的谏议中挑选出有益的意见，选上上之策，做科学决策。

领导者要做到“兼听”，就要避免“偏信”。偏信是指对自己熟悉和信任的人的意见能够接受和采纳，而对自己生疏甚至厌恶的人即使正确的意见也充耳不闻。历朝历代的“宦官”专权，就是因为皇帝只听信几个服侍自己的太监，以致“宦官”篡权乱政误国。李世民和刘邦都真正做到了“兼听”，不管是自己熟悉和信任的人的意见，还是自己厌恶的人的意见，只要是有益的，他们都虚心接受。陈平、韩信原是项羽的部下，刘邦对他们言听计从；魏徵曾是太子李建成的主要谋士，并且还献计谋害李世民，但李世民却对其予以高官，对他的建议一一照办。领导者要做到“兼听”不“偏信”，才能更好地了解情况，掌握全局，并在此基础上作出正确的决策。

“兼听则明，偏信则暗”，这是一个千古不易的命题。在全面建设社会主义现代化国家的今天，党的各级领导干部如果能够始终做到“兼听”部属和群众的意见，就能避免主观片面性带来的失误。我们要从古人的经验教训中，不断汲取有益的东西，用以指导我们现实的工作。

“换位思考”刍议

所谓“换位思考”，辞典上没有解释，但我们可以从近些年报刊上使用这句话的情况来理解它，其所表达的意思就是变换位置来思考问题。群众站在领导的“高度”想问题：“假如我是工长”“假如我是段长”“假如我是局长”“假如我是厂长”“假如我是市长”；领导站在群众的角度想问题：“假如我是一名普通职工”“假如我是贫困群众”“假如我是服务对象”“假如我是出租车司机”“假如我是残疾人”……

这类说法听多了，便有了一些想法。不管过去、现在还是将来，执政为民是关键。在我们社会主义国家，各级干部与人民群众的关系是公仆与主人的关系。权力来自群众，植根于群众，服务于群众，离开了群众，就将一无所有、一事无成；背离了群众的利益，这个公仆就是失职，就有可能会被辞退、被罢免。作为人民的公仆，任何时候都必须把群众的利益放在第一位，在抓实事、干实事上下功夫。如果在我们的日常工作中，有群众对我们的工作不满意，对我们干部的作风有意见，对我们所制定的政策有看法，那问题恐怕不仅仅是要我们的“公仆”们想一想“假如我是一名普通职工”“假如我是一名普通市民”就能解决的，更主要的是要公仆们站在自己的“位置”上想一想，我们是不是坚持以人民为中心、代表最广大人民群众的根本利益，是不是让普通老百姓得到了实惠；想一想，在具体工作中还有哪些抓得不到位、哪些工作没有落到实处，表率作用还有哪些欠缺。我们从而认真反省，采取措施，真正解决问题。对普通职工群众来说，他们需要稳定的就业环境，需要施展自己才华的场所，需要安适的生活条件，需要和谐的人文氛围。可以说，他们考虑最多的是自己的发展，是如何最大限度地为社会作出自己应有的贡献，不是说他们不应该站在厂长、县长、市长的角度想问题，而是因为社会分工的不同，地位也不一样，不会全面了解整个情况，加之他们也不可能做决策，非要去让他们讨论“假如我是市长”“假如我是厂长”，不可能有什么实际效果。我们把一项重大决策交给职工群众讨论，不是让他们站在厂长、县长、市长的位置上想问题，而是让他们站在自己的位置上完善上级的决策，领会决策精神，从而化为大家的意志和行动。如果一场战斗即将打响，先让士兵们去讨论“假如我是排长、团长、军长该如何如何”，这样的讨论不仅不利于战斗，而且会贻误战机。我们在职工群众中开展的“给政府出点子”“给企业提合理化建议”等活动，也是要求职工群众结合本职工作，站在自己的角度去思考发展或强化企业管理的好建议，而不是要求职工群众站在领导的位置上想“假如我是市长、我是县长、我是厂长应该怎么办”。

提出“换位思考”的初衷，是提醒领导们要经常多为职工群众想想，职工群众也要想想领导的难处，以达到“理解万岁”的效果。其实，在社会实践中，最关键的还是我们每一个人都能时时处处“从我做起”，每一个人都把自己分内的事干好了，社会就是一个万紫千红的社会。不管你是哪一级的干部还是普通职工群众，是服务员还是顾客，是医生还是病人，多想想自己怎样立身做人，怎样创造性地干好自己的工作，怎样维护好社会公德，怎样创造社会财富，多在主观上找原因，多在落实责任上下功夫，我们的工作就一定会做得更好。

有“为”才能有“位”

习近平总书记强调，“让有为者有位、吃苦者吃香、流汗流血牺牲者流芳”。[①] “职位”与“作为”，是党员领导干部应该经常考虑的问题，其态度如何，直接反映着一个党员领导干部的权力观和地位观。党员领导干部只有用正确的态度去理解职位，通过实干去力求有所作为，才能使正确的权力观和地位观得到确立，从而始终保持共产党员的先进性。

有“为”才能有“位”，必须正确认识个人能力、素质与机遇的关系。一个人走上什么岗位、担任什么职务，一是个人的能力素质，二是机遇。能力素质是主观因素，个人通过努力可以达到，所谓“作为”正是能力素质的外在表现。而机遇是一种客观条件，受多方面因素的影响，有的同志虽然能力素质很好，但可能没有机遇，暂时不能有效地发挥自己的才干，有的同志机遇虽好，但由于个人能力素质达不到岗位要求，结果无法走上更高的岗位。有的同志不珍惜现有的岗位，总是心浮气躁，好高骛远，这山望着那山高，没有立足本职工作建功立业，反而抱怨自己“英雄无用武之地”。这样的同志也许有机遇，但不易得到组织的信任而失去机遇。应该看到，“作为”是争取“职位”的必要前提，但“职位”并不是“作为”的必然结果。成长进步的基础是自己的品德和才能，每一个干部都要珍惜现有的岗位，不断用科学理论和科技知识武装自己，埋头苦干，开拓进取，这样才能得到群众和上级的认可，在遇到机会时才不会错过机会。

---

① 习近平：《习近平谈治国理政》第三卷，外文出版社2020年版，第157页。

有“为”才能有“位”，必须正确认识个人努力与组织需要的关系。正确对待自己，是干部思想成熟的重要标志。这种成熟表现在两个方面：一要认识到自己的能力素质来源于党的教育和培养，来源于周围同志的帮助和支持，离开了党组织和集体，个人将一事无成。二是对自己的能力、素质的“资源总量”要有一个客观定位。每个人对追求目标的定位必须与自己的能力素质相一致，如果个人的追求超出自己的实际能力素质，达不到其岗位所要求的素质，只会给自己带来痛苦和沮丧。尤其需要明确的是，职务是组织根据需要安排的岗位，它要求个人的能力素质与岗位要求相统一，职位可以成为发挥才干的动力因素，但不应该成为有所作为的根本目的。党员干部要立志做大事，不要立志做大官，要以组织需要为根本出发点，让组织选择自己，而不能自己去挑选岗位。

有“为”才能有“位”，必须正确认识贡献与岗位要求的关系。不可否认，适当的“职位”是有所“作为”的重要条件，它给个人提供了施展才华的舞台。一般来说，职位越高，用武之地就越广阔。但任何事情都是相对的，在自己能够胜任的范围内，职位越高，作为可能越大；而超出了自己才能所胜任的范围，职位越高就越可能力不能及，把事情做坏。因此，从贡献的角度来看，重要的不是职位的高低，而是职位是否适当。“树木择地而繁荣，名花适土而独秀。”当然，与职位相比，更重要的是要有贡献的精神和贡献的才能，缺乏这种精神和能力，给你再好的职位也是枉然。

有“为”才能有“位”，必须正确认识职位与责任的关系。职位是为了履行职责设置的，任何职位都是权力、责任和义务的统一。权力越大，责任越重，义务越多。“作为”是“职位”的内在要求，但不是“职位”的自然产物。职位越高，权力越大，如果能够履行好自己的责任，作为也就越大。反过来，职位越高，权力越大，如果不能履行好自己的责任，造成的损失和危害也就越大。每一个党员干部都应该把为党工作、为人民服务视为终身的义务，正确处理好职位与责任的关系。一是不断提高自身素质。形势任务的变化和职务的调整对干部素质的要求，往往快于干部自身素质的提高。职务提升，并不意味着个人的能力素质会自然提高，即使一时能适应，但不会永远适应。因此，必须不断提高自己的能力，不断适应新的形势任务对职位变化的需要。二是严格自律，经得起各种考验。各级领导干部必须时刻保持清醒头脑，严于律己，廉洁从政，自觉抵御名利、金钱的诱惑，做到“权大不忘责任重，位高不移公仆心”。三是不负重托，努力创造一流业绩。既然职位意味着责任，那么时刻都要有一种如履薄冰、如临深渊之感，要有一种干不好工作就无法向党和人民交代的强烈责任感，殚精竭虑地为党工作、为人民服务。只有这样，才能无愧于党和人民的信任，无愧于时代的重托，无愧于党的干部的身份。

不要被“影子”所迷惑

早晨，一只山羊在栅栏外徘徊，想吃栅栏里的白菜，可是它进不去。这时，太阳东升斜照大地，在不经意中，山羊看见了自己的影子，它的影子很长很长。“我如此高大，定会吃到树上的果子，吃不吃这白菜又有什么关系呢？”它对自己说。远处有一大片果园，树上结满了五颜六色的果子，于是它朝着那片果园奔去。到达果园时已是中午，太阳当顶，这时山羊的影子变成很小的一团，“唉，原来我是这么矮小，是吃不到树上的果子的，还是回去吃白菜好！”于是它怏然不悦地折身往回跑。跑到栅栏外时，太阳已经偏西，它的影子又变得很长很长。“我干吗非要回来呢？”山羊很懊恼，“凭我这么大的个子，吃树上的果子是没有一点问题的。”

从这个寓言故事可以看出，饥饿的山羊时而想吃栅栏里的白菜，时而想吃树上的果子，但是它忙碌了一整天，什么也没吃到。其根本原因就是它被自己的影子所迷惑。这个故事告诉我们，影子是长短不一、大小不同、形状各异、千变万化的。在工作和生活中，也会有一些虚无、虚假、虚幻和虚妄的影子，我们千万不要被影子所迷惑。

不要被虚无的“影子”所迷惑。虚无的“影子”，是指根本不存在的客观事物在人的脑海里、内心世界以及精神意识中留下的痕迹和产生的投影。比如，山羊看到自己在阳光照射下的影子而产生的自大和自卑心理，“杯弓蛇影”就是指虚无的“影子”对人的迷惑。这些影子虽然是无形的，却能蒙蔽人的视线、扰乱人的心智、影响人的行为，甚至可能触动痛苦的回忆、引发内心的恐惧、削弱行动的勇气、影响工作的进程。作为领导干部，我们要正确认识自己，客观评价自己，发扬自己的优点和长处，改正自己的缺点和不足，不要被这些虚无缥缈的“影子”所迷惑。

不要被虚假的“影子”所迷惑。虚假的“影子”，是指那些不真实的，不可信的，不能准确地呈现事物本来面目、体现事物具体特征、反映事物内在规律的影子。这种影子随处可见，比如，山羊在太阳照射下留下的影子，筷子在水中折射出来的弯曲影子，他人不切实际的吹捧或打击所形成的感觉影子等。如果我们被这些虚假的“影子”所迷惑，那么我们就不能真实地感受生活，客观地观察事物，深刻地分析问题，正确地作出判断；就不能透过现象看本质，按照客观规律办事，妥善解决实际问题，更好地干好工作。因此，作为领导干部，我们要加强学习，加强修养，努力提高自己分辨真假的能力，揭示事情的真相，破除虚假的影子。

不要被虚幻的“影子”所迷惑。世界万物皆有影子，这些影子大小、颜色和形状变化莫测，令人眼花缭乱。在哈哈镜里，人的影子或变得大腹便便，或变得骨瘦如柴；或变得英俊潇洒，或变得奇丑无比；或变得高大强壮，或变得矮小瘦弱。虚幻的“影子”让我们在各式各样的“幻影”中迷失了自我，就像山羊那样，时而信心十足、豪情万丈；时而灰心丧气、无精打采；时而摩拳擦掌、跃跃欲试；时而畏首畏尾、止步不前。作为领导干部，我们要跳出幻影产生的迷魂阵，清醒地认识自己，正确地评价自己，用马克思主义的立场、观点和方法排除各种虚幻“影子”的干扰，正确地观察、分析、解决工作中的矛盾和问题。

不要被虚妄的“影子”所迷惑。虚妄的影子是指社会地位、权势、金钱、成功等因素所引发并投射出的狂妄感觉和影像。比如，“狐假虎威”“我爸是李刚”，就体现了人们被虚妄的“影子”所迷惑后表现出的妄自尊大、目中无人、趾高气扬的丑陋面孔。这些人之所以如此嚣张，主要是因为他们或身居高位，或家族显赫，或事业有成，或权大势众，长期受人吹捧，忘乎所以，从而被虚妄的“影子”所迷惑。作为领导干部，我们要摆脱虚妄的“影子”，必须加强思想修养，培养崇高品德，陶冶高尚情操。要发扬谦虚谨慎、不骄不躁的作风，牢固树立正确的权力观、地位观、金钱观和政绩观，真正做到用权为公，执政为民。

山羊被自己的影子所迷惑，最终吃不到白菜和果子。一些领导干部被影子所迷惑，事业遭受挫折和失败。能否正确认识、科学判断工作和生活中的影子，准确透视影子的本来面目，切实把握影子的变化规律，积极努力干好本职工作，是摆在每一位领导干部面前非常现实的重大问题，也是做好领导工作，实现高质量发展的必然要求。各级领导干部都要明辨影子的是非、真假、善恶、美丑，努力提高自己的政治判断力、政治领悟力、政治执行力，不要被虚无、虚假、虚幻、虚妄的影子所迷惑。

谨防“近墨者黑”

有这样一则故事：很多年前，一个小岛上的人说起话来口吃，走起路来跛脚，更奇怪的是，这两种缺点竟被视为才能。一天，一个不瘸不拐的外地人来这里办事，看见这里的一切，他本以为这儿的居民定会羡慕他的走法，谁知当地人见后捧腹大笑，急切地喊着：“快教这位外地人怎样走路吧！”这位外地人说：“是你们又瘸又拐，不是我。”他高呼：“你们必须改变这种不好的习惯！”当地人听他说话竟然不口吃，都哄然起来，吼道：“你这样说话太丢脸了！”外地人所到之处，都受到讥笑和嘲讽。有好心的当地人主动教这个外地人走路和说话。一个月后，外地人办完事，他已经习惯了按口吃的方式说话，跛着脚走路。

俗话说：“近朱者赤，近墨者黑。”这里的“朱”和“赤”都有红色的意思，比喻正义和正面的人和事，而“墨”和“黑”则都有黑色的意思，比喻黑暗和不好的人或事。我们通俗地理解这句话就是跟好人学好，跟坏人学坏。我们从上面这个故事可以看到，一个人生活在一定的大环境下，很容易被其他人所影响。因此，好的方面应该学习，而坏的方面应该完全摒弃，也就是说，要谨防近墨者黑。

谨防近墨者黑，必须树立正确的价值标准。价值标准是价值观的核心内容，是人们用来衡量是非善恶的准则和尺度。有了正确的价值标准，才能分清“朱者”与“墨者”，辨别“赤”与“黑”；有了正确的价值标准，才能坚持正确的方向，作出正确的选择。俗话说：“三人行，必有我师焉，择其善者而从之，其不善者而改之。”只有我们坚持正确的价值标准，才能做到好的东西尽可能吸收，坏的东西想办法改正，而不会“入乡随俗”，随波逐流。

谨防近墨者黑，必须具备坚定的信心信念。信心信念是一种力量，是一份执着。我们要坚持真理，坚持原则，坚持自己的正确思想、言论和行为，并且不为外界环境所影响，不被他人干扰所动摇。有了坚定的信心和信念，才能有坚强的意志和毅力，才能始终如一，忠贞不渝。缺乏信心，就会失去自我，人云亦云，从众行事；缺乏信念，就会迷失方向，受人蛊惑，走上歧途。没有信心和信念的人，就像没有帆的船，随时都有可能在大海中沉没。

谨防近墨者黑，必须具有批判的精神作风。在“好人”主义盛行下，批判的精神和作风的确难能可贵，的确值得倡导和褒扬。那个外地人虽然起初认识到口吃和跛脚是一种疾病，但是他并没有进行过多的反抗就被小岛上的人同化了，其根本原因就在于他不具备批判的精神，放弃了原则，放弃了自己的是非善恶标准。面对错误思想，面对坏人坏事，面对歪风邪气，面对不良习惯，我们要做到出淤泥而不染。谨防近墨者黑，就必须具有批判的精神作风，敢于指正，敢于与之划清界限，敢于与之做坚决的斗争。

“近墨者”是否会变“黑”，主要取决于“近墨者”的思想政治素质和道德素质。只要我们加强德性修养，提高政治鉴别力，具备正确的价值标准、坚定的信心信念和批判的精神作风，就能真正做到“富贵不能淫，贫贱不能移，威武不能屈”，使“近朱者”肯定“赤”，“近墨者”不会“黑”。

读书学习也是讲政治

习近平总书记强调，领导干部要爱读书、读好书、善读书，推动学习型政党、学习型社会建设。[①] 他谈到读书的目的、内容、方法，回答了为什么读书、读什么书、如何读书三个主要问题，苦口婆心，用心之深，用情之切，令人深思。

古今中外，执政者、领导者无不强调读书学习的重要性。西方有句名言：书籍是人类进步的阶梯。朱元璋幼时没有上学，马背上得天下，但是不能从马背上治天下，治天下要靠用心读书学习。曾国藩说，读书可以

① 习近平：《领导干部要爱读书读好书善读书——在中央党校2009年春季学期第二批进修班暨专题研讨班开学典礼上的讲话》，《学习时报》2009年5月13日。

使人脱胎换骨。共产党人更是推崇读书。毛主席一生都爱读书，行军打仗，手不释卷。周恩来“为中华之崛起而读书”的名言，至今激励着青年学子。

面对新形势、新任务，领导干部要读书学习，爱读书、读好书、善读书，就是加强修养强本领，就是与时俱进讲政治。

随着社会经济发展，人们的思想日益呈现多样性、选择性和独立性。世界范围内各种思潮的交流、交融、交锋日趋激烈。在这样的环境下，坚持和发展马克思主义，需要领导干部加强读书学习。不加强读书和学习，就难以掌握当代马克思主义的最新成果，并用以指导实践。如果领导干部自己都不懂科学发展和高质量发展，怎么去动员宣传、贯彻落实？如果领导干部不掌握马克思主义理论，如何去做群众的思想政治工作？面对复杂矛盾，如果领导干部的理论水平不高，很可能会失去话语权，陷入失语状态。

如今，社会分工越来越精细化，新知识、新领域层出不穷。社会管理工作越来越讲究科学性、专业化，党和政府面临越来越多的新情况、新矛盾，这无疑给领导干部的工作提出了更高的要求，增加了新难度。领导干部需要具备综合知识，也需要有一定的专业知识。在一些新领域、新行业，领导干部如果不加强读书学习，很容易讲外行话，难以履行自己的职责。每当有群众埋怨“外行领导内行”“瞎折腾”时，领导干部应当自省。作为党的干部，要干一行，爱一行，专一行。人非生而知之者，领导干部只要坚持多读书多学习，干什么学什么，缺什么补什么，就能使自己成为行家里手、内行领导。

读书是一种兴趣，也是一种需要，还是一种境界。有一些领导干部应酬多，读书少，整日忙于迎来送往，很难静下心来学习。由于平时读书学习少，有的领导干部面对群众处理问题，不会讲道理，一味使蛮力，结果不但不能化解矛盾，反而激化了矛盾。在一些地方，群众反映“干部没有干部样”，群众从干部身上看不到文化修养，看不到人格魅力，只看到专断的权力，就会失去对干部的信任。就个人修养而言，领导干部书卷气少，庸俗之气和浮躁之气就会增长。

如果不加强读书学习，知识就会老化。愿读书学习成为各级领导干部的一种生活态度、一种良好习惯、一种工作责任、一种精神追求！

向南瓜学习

“洋葱、萝卜和番茄不相信世界上有南瓜这个东西，它们认为那只是空想。南瓜不说话，默默地生长着……”从这个寓言故事我们可以看出，南瓜具有埋头苦干的精神、坚韧不拔的意志、求真务实的作风、厚积薄发的隐忍。因此，我们每一个公务员都要向南瓜学习。

向南瓜学习，学习它埋头苦干的精神。面对洋葱、萝卜和番茄的质疑，南瓜没有立即站起来辩解，而是坚强地在质疑声中做自己该做的事，那便是“默默地生长着”。它认为，只有当自己的体积凸显出来并超过想象的时候才是最好的反击时机。人也是如此，在社会生活中，常常有人因为别人的闲言碎语而愤怒不止，在别人看来，你的愤怒不过是无力的呻吟，没有人会同情你，更不会因为你的愤怒而改变对你的看法。此时的我们就应该向南瓜学习，埋头苦干，用事实说话。

向南瓜学习，学习它坚韧不拔的意志。南瓜“默默地生长着”，“默默”二字说明它有坚定的信念、顽强的意志，对自己的未来充满信心。世界上的事不可能一帆风顺，万事顺意只是人们逢年过节的祝语。“艰难困苦，玉汝于成”，才是人生成功的规律。综观世界成功的伟人，都有坚韧不拔的意志。我们在人生的道路上，面对困难和问题，面对误解和质疑，面对挫折和失败，要像南瓜那样坚韧不拔，百折不挠，不达目的誓不罢休。否则，就会半途而废，前功尽弃。

向南瓜学习，学习它求真务实的作风。邓小平同志曾经说过：“世界上的事情都是干出来的。”不干，再好的工作思路、领导决策和政策都会成为一纸空文，沦为一种空想。面对洋葱、萝卜和番茄的“不相信”，南瓜“不说话”，不说空话、套话、假话，而是求真务实，真抓实干，“默默地生长着”。作为领导干部，我们在工作中要像南瓜那样弘扬求真务实的精神和作风，一切从实际出发，用理论联系实际，埋头苦干，出实招、求实效，多为人民群众办实事、做好事、解难事。

向南瓜学习，学习它厚积薄发的隐忍。任何事情的成功都不是一蹴而就的，都需要一个积淀过程。厚积薄发是一种智慧，是一种策略，是一种艺术，也是一个人走向成熟的重要标志。厚积薄发是一种修养，是一种内涵，是一种境界，也是一个人戒骄戒躁、韬光养晦的具体表现。面对复杂形式和艰巨任务，领导干部尤其应该像南瓜那样，加强涵养，学会隐忍，厚积薄发。要相信，只要是金子，不管放到哪里都会发光。

第十五章

领导观念问题

领导干部要树立正确的权力观

习近平总书记强调，马克思主义权力观概括起来是两句话：权为民所赋，权为民所用。领导干部不论在什么岗位，都只有为人民服务的义务，都要把人民群众利益放在行使权力的最高位置，把人民群众满意作为行使权力的根本标准。[①] 领导干部要经常想一想，当干部应该做什么？领导干部要切实解决好世界观、人生观、价值观问题，特别是要树立正确的权力观。

要树立正确的权力观，最根本的是要解决好始终保持党同人民群众的血肉联系的问题。我们要十分警惕和防止出现滥用手中的权力而脱离人民群众的现象。如果长期执政以后，我们的干部丧失了当年夺取政权和建设初期那样一种蓬勃朝气，那样一种昂扬锐气，那样一种浩然正气，而变得明哲保身，事不关己、高高挂起，官僚主义、形式主义严重，以致滥用权力使党和人民的利益受到损害，那么最终必然失去最广大人民的拥护和支持。这是历史兴亡的规律，古今中外，概莫能外。对这个问题，我们一定要警醒。

① 习近平：《习近平在中央党校秋季学期开学典礼上强调 牢固树立正确世界观权力观事业观》，《经济日报》2010年9月2日。

要树立正确的权力观，必须正确认识我们手中权力的性质。必须认识到：第一，中国共产党在革命战争时期是代表人民群众并领导人民去夺取政权的，革命胜利以后则要代表并领导人民掌握和行使好各项权力。第二，我国是社会主义国家，人民是国家的主人，中国共产党的执政地位、社会主义国家的一切权力，都来自人民。第三，领导干部必须运用人民赋予的权力为国家的安全、发展和富强服务，为人民群众的团结、富裕和安宁服务。第四，一代一代的领导干部都必须始终信守为人民掌握和行使权力的正确原则，同时要始终自觉地接受党和人民对自己行使权力的监督。这些应成为我们正确的权力观的重要内容。

要树立正确的权力观，必须加强学习，提高思想境界和道德修养。加强学习是防止和反对腐败的一个有效的方法。领导干部加强学习，不仅可以开阔眼界、增长学识、增强本领，而且有利于陶冶情操、提高道德修养。思想境界提高了，道德修养加强了，对个人的名誉、地位、利益等问题就会想得透、看得淡，将其摆到合适的位置上，就能自觉地为党和人民勤奋工作，而不会去斤斤计较个人的得失，更不会去利用手中的权力与民争利、牟取私利。一些党员干部尤其是领导干部走上违纪违法的道路，往往是从放松学习、忽视主观世界的改造、思想道德上的蜕化变质开始的。领导干部要用马克思列宁主义、毛泽东思想、邓小平理论、“三个代表”重要思想、科学发展观、习近平新时代中国特色社会主义思想武装头脑，学习、学习、再学习，修养、修养、再修养，不断提高自身的道德素质和科学文化素质，这是正确看待和行使手中权力的重要条件。

要树立正确的权力观，必须坚持立党为公、执政为民。共产党员应该自觉把国家利益、民族利益、人民利益、集体利益摆在第一位，努力成为一个有高尚追求的人，成为人民群众爱戴的好干部。各级领导干部必须在思想上、行动上、作风上做到立党为公、执政为民，增强公仆意识，自觉摆正同人民群众的关系。领导干部在任何时候、任何情况下，都要坚持党的群众观点和群众路线，都要深入基层，深入群众，想群众之所想，急群众之所急，办群众之所需，诚心诚意为人民群众办实事、办好事、谋利益。

要树立正确的权力观，必须破除“官本位”意识，肃清封建主义的残余思想。一些领导干部没有树立正确的权力观，一个重要的原因就是“官本位”的封建残余思想在作怪。有的党员干部忘记了党的初心使命，忘记了自己入党、当干部的初衷，个人升官发财的意识越来越严重，心里只有自己没有党和人民的利益。作为领导干部，要立志做大事，不要立志做大官，千万要防止把升官发财作为自己的人生目标。要把心思用在工作上，用在为人民群众谋利益上，至于个人的升降去留，应坦然地接受党和人民的选拔，党和人民把自己放在什么位置上，就在那个位置上尽职尽责、尽心尽力、发光发热。

领导干部要树立正确的地位观

地位是指个人在社会经济和政治生活中所处的位置，它是人的社会价值的一种表现形式，地位观是人们对自己所处地位的根本观点和基本态度。如何认识和对待自己的地位，是衡量领导干部党性强弱、境界高低的重要标准。领导干部能否树立正确的地位观，不仅关系到个人的成长进步，而且关系到党的事业的兴衰成败。

领导干部要正确认识地位。地位如同一面镜子，可以照出一个人的灵魂。在阶级社会里，不同的阶级有着不同的地位观。无产阶级的地位观是以集体主义为核心，将个人的地位同整个阶级的地位紧密联系在一起，主张为国家和民族的荣誉，为无产阶级的荣誉，为人民当家做主而奋斗，把党的事业、人民的利益放在第一位，不斤斤计较名誉、地位等。有许多英雄模范人物，他们视地位名誉淡如水，看事业则重如山，在平凡的岗位上尽职尽责，做出了不平凡的业绩。

领导干部要正确对待地位。一个人地位的高低和职务的晋升，是由自身条件和客观机遇等多种因素决定的，是党和人民根据事业需要和个人德才条件、业绩、贡献、能力大小做出的安排。不要挖空心思刻意去追求地位，更不要采取非法手段去获取地位，不要一看到身边的同志地位发生了变化，心理就不平衡，讲怪话，发牢骚，认为自己水平并不比别人差，是组织亏待了自己。要相信组织，少想一些个人的名誉和地位，多看看自己的不足，多想想怎样为人民作出更多的贡献。雷锋只是个班长，焦裕禄官才“七品”，地位不高，却流芳千古；那些贪官地位不低，但却遗臭万年。

领导干部要树立正确的地位观。正确的地位观应该是在科学世界观的指引下，以全心全意为人民服务为核心，坚持个人价值与社会价值相统一、个人地位与集体地位相统一、个人能力素质与岗位需要相统一、岗位与责任义务相统一的科学地位观。

领导干部树立正确的地位观，体现在工作中，就是要树立群众观点，坚持群众路线。首先，要牢记党的宗旨，心里装着群众。历史充分证明，什么时候实践党的宗旨，坚持群众观点，贯彻群众路线，全心全意为人民服务，我们的事业就兴旺发达，否则就会遭受严重挫折。因此，每个领导干部要做到知民之所想、察民之所虑、亲民之所爱、为民之所急，与人民群众结成唇齿相依的关系。其次，要恪尽职守，坚持把党和人民的利益放在首位。个人的荣誉和地位是次要的，“群众利益无小事”。要在思想上尊重群众，把群众观点植根于脑海；感情上贴近群众，地位变了，权力大了，感情上同群众不能有一刻疏远；行动上深入群众，经常深入基层第一线，倾听群众的疾苦，殚精竭虑地解决群众最关心的实际问题；工作上依靠群众，尊重群众的首创精神，在重大决策前，注意听取群众意见，集思广益，以群众是否满意、是否认可为根本依据。最后，以服务为天职，自觉接受群众监督。树立克己奉公、执政为民的观念，“先人后己”“先天下之忧而忧，后天下之乐而乐”。同时，还要自觉接受人民群众的监督，并把它作为检验自己党性纯不纯的重要尺度。

领导干部要树立正确的群众观

党的十九大报告指出，必须坚持人民主体地位，坚持立党为公、执政为民，践行全心全意为人民服务的根本宗旨。在庆祝中国共产党成立100周年大会重要讲话中，习近平总书记指出，人民是历史的创造者，人民是真正的英雄。古人云：得民心者，得天下；失民心者，失天下。纵观人类历史，这是一条颠扑不破的真理。在全面建设社会主义现代化国家的今天，党的各级领导干部要居安思危，牢固树立正确的群众观。

群众观是党员干部特别是领导干部的“三观”的集中体现。在新的历史条件下，领导干部能否牢固树立正确的群众观，是领导干部为官从政必须解决的根本问题，也是领导干部能否正确行使权力必须解决的首要问题。

中国共产党的群众观是马克思主义群众观，其基本内容可高度概括为以人民为中心、立党为公、执政为民，把最广大人民的利益实现好、维护好、发展好。党的各级领导干部之所以要牢固树立这样的群众观，主要是因为以人民为中心、立党为公、执政为民是中国共产党同一切剥削阶级政党的根本区别，中国共产党除了人民群众的利益，没有自己特殊的利益，人民群众是党的力量之源、胜利之本，离开了人民群众，党就会失去赖以生存和发展的根基。

领导干部要牢固树立正确的群众观，必须摆正自己同群众的关系。党的最大政治优势是密切联系群众，党执政后的最大危险是脱离群众，党与群众的关系是鱼和水的关系、血和肉的关系、种子和土地的关系。对领导干部来讲，“领导就是服务”，领导者必须为群众服务，要摆正自己同群众的关系，绝不能有意或无意颠倒主仆关系，以“父母官”自居，自以为高群众一等，视群众为“刁民”，稍有不顺就训斥、欺压。我们的各级领导干部都是人民选举出来、接受人民委托、行使为人民服务职责的公仆，“公仆”的角色任何时候都不能忘、不能丢。

领导干部要牢固树立正确的群众观，必须把最广大人民的根本利益作为一切工作的出发点和归宿。以人民为中心、立党为公、执政为民，最终要体现在改善人民生活上。各级领导干部必须围绕人民群众最现实、最关心、最直接的利益，“想群众之所想，急群众之所急，帮群众之所需”，做到权为民所用，情为民所系，利为民所谋。要时刻把群众的根本利益放在首位，坚持完成党的各项工作和实现人民根本利益的一致性。“群众利益无小事”，凡是涉及群众切身利益和实际困难的事，再小也要竭尽全力去办。只有把最广大人民的根本利益作为出发点和归宿，我们的政绩才有价值，才会受到广大群众的赞赏，才是真正的政绩。

领导干部要牢固树立正确的群众观，必须加强对主观世界的改造。当前，有些领导干部思想空虚，意志衰退，抵御不住拜金主义、享乐主义、极端个人主义的诱惑，为金钱、美色所俘；有些领导干部追逐高官显位，玩“数字游戏”，大造“面子工程”“政绩工程”，铺张浪费、弄虚作假。产生这些问题的原因，从根本上说，是一些领导干部放松了主观世界的改造。因此，领导干部要树立正确的世界观、人生观、价值观，切实解决权力观、地位观和利益观问题，否则，在实际工作中就会出现偏差，误入歧途。为此，党的各级领导干部都要认真学习和践行习近平新时代中国特色社会主义思想，加强道德品质修养，提高思想政治水平，牢记“两个务必”，真正做到在改造客观世界的同时改造主观世界，寓改造主观世界于改造客观世界的过程中，用改造主观世界的成效来推进客观世界的改造。

习近平总书记明确指出，领导干部的一言一行、一举一动，群众都看在眼里、记在心上。干部心系群众、埋头苦干，群众就会赞许你、拥护你、追随你；干部不务实事、骄奢淫逸，群众就会痛恨你、反对你、疏远你。[①] 各级领导干部都要牢固树立全心全意为人民服务的思想和真心实意对人民负责的精神，做到心里装着群众、凡事想着群众、工作依靠群众、一切为了群众。要坚持以人民为中心、立党为公、执政为民，为群众诚心诚意办实事，尽心竭力解难事，坚持不懈做好事。只有这样，才能始终保持党同人民群众的血肉联系，党的事业才能永远立于不败之地。

领导干部要树立正确的利益观

既然全心全意为人民服务，就不能有自己的私利，人民的利益就是党的利益。习近平总书记强调："我们共产党人的最高利益和核心价值是全心全意为人民服务、诚心诚意为人民谋利益。"[②] 检验我们一切工作的成效，最终都要看人民是否真正得到了实惠，人民生活是否真正得到了改善。可以说，这样一种人民利益观，充分体现了立党为公、执政为民。

马克思说过，人们奋斗所争取的一切，都同他们的利益有关。不同阶层、不同群体有不同的利益需求。利益问题既是广大人民群众最为关注的问题，也是处理不好就会严重影响党群关系的问题。能否正确认识和妥善处理个人利益与党和国家以及人民群众的利益的关系，是衡量一个领导干

① 习近平：《在第十八届中央纪律检查委员会第二次全体会议上的讲话》，新华网2013年1月22日。

② 习近平：《扎实做好保持党的纯洁性各项工作》，《求是》2012年第6期。

部党性强弱、觉悟高低、合格与否的根本标志。因此，领导干部必须牢固树立正确的利益观。

领导干部要牢固树立正确的利益观，必须坚持党的宗旨，真心实意为群众谋利益。党的宗旨是全心全意为人民服务，每个领导干部都要把为人民服务作为人生的最高追求。要不断夯实与人民群众的感情基础，自觉摆正同人民群众的关系，时刻把人民群众的安危冷暖放在心上，坚持权为民所用，情为民所系，利为民所谋，为群众诚心诚意办实事，尽心竭力解难事，坚持不懈做好事。

领导干部要牢固树立正确的利益观，必须淡泊名利，正确对待个人得失。领导干部都是党和人民培养起来的，其拥有今天的地位和待遇也是党和人民给予的，只有加倍努力工作，才能无愧于党、无愧于人民。要自觉淡泊名利，努力实现共产党人高尚的人生价值，坚持把个人理想的追求、自我价值的实现，与党的奋斗目标、与代表最广大人民群众的根本利益紧密联系起来；要老老实实做事，堂堂正正做人，为人民掌好权、用好权，绝不滥用权力为个人或小团体谋取私利。

领导干部要牢固树立正确的利益观，必须坚决抵御腐朽没落思想的侵蚀。古人尚且能“吾日三省吾身”，各级领导干部更应为了人民的利益同各种腐朽没落思想做不懈的斗争，更应严格要求自己，自觉接受党组织和人民群众的监督。领导干部不管在何种情况下，都要管好自己，要忍得住清贫、耐得住寂寞、抵得住歪风、抗得住诱惑，绝不可存有侥幸心理，最后毁掉自己的前程。

“利在一身勿谋也，利在天下者谋之；利在一时勿谋也，利在万世者谋之。”领导干部要为人民谋天下之利、谋万世之利，心系人民，无论大事小事，利归天下，何必争多少。群众利益无小事，个人得失无大事。领导干部只有把人民的利益放在第一位，才能用权为民，才能永葆廉洁本色。

领导干部要树立正确的政绩观

领导干部的政绩观正确与否，事关干部前途，事关民心向背，事关党的事业兴衰。因此，牢固树立正确的政绩观是摆在每一位领导干部面前的一项重大而紧迫的政治任务。

牢固树立正确的政绩观，必须解决好“为谁树政绩”的问题。领导干部树政绩，说到底，就是要忠实实践党的宗旨，坚持以人民为中心，把实现好、维护好和发展好人民群众的根本利益作为自己思考问题、开展工作的根本出发点和落脚点。衡量领导干部的政绩，最根本的标准就是要看人民群众拥护不拥护、满意不满意、高兴不高兴、赞成不赞成、答应不答应。广大干部尤其是领导干部，既要防止不思进取守摊子，又要防止不顾民力铺摊子，绝不能造成“一代人的政绩，几代人的包袱”。要不断加强党性修养，树立正确的世界观、人生观、价值观、权力观、地位观和利益观，把职位作为为党和人民创造政绩的舞台，体察民意，珍惜民力，凝聚民心，把权力用在为党建功、为国尽责、为民造福上，把工作的着力点放在研究解决改革发展稳定中的重大问题上，放在研究解决群众生产生活中的紧迫问题上。

牢固树立正确的政绩观，必须解决好“树怎样的政绩”的问题。什么是真正的“政绩”呢？真正的政绩应是符合党和国家政策法规的政绩，那些大搞地方保护主义、“上有政策，下有对策”的做法，无论其局部利益有多大，都不能算作政绩。真正的政绩应是没有水分的政绩，人民公仆要把政绩树在百姓的心田里，创造“造福一方”的真成就，绝不能搞“造势一时”的假政绩。真正的政绩应是群众需要的政绩，要多为人民群众做实事、办好事、解难事，把百姓满意不满意作为政绩的标尺。真正的政绩应是没有后遗症的政绩。讲政绩不能只看干部近期取得了多少成绩，还要看这些成绩是否有利于经济社会的长远发展，是否经得起历史的检验。

牢固树立正确的政绩观，必须解决好“靠什么树政绩”的问题。政绩是实干出来的，不是虚报出来的；是创造出来的，不是捏造出来的。出政绩没有捷径可走，唯有真抓实干、埋头苦干，始终从群众最关心、最迫切希望解决的事情做起，从群众最厌恶、最不满意的事情改起，才能真正取得成绩。领导干部要在化解涉及人民群众切身利益的矛盾中创造政绩，在促进经济社会全面、协调、可持续发展中干出政绩，在解决社会热点、疑难问题中求取政绩。

牢固树立正确的政绩观，必须解决好“如何考评政绩”的问题。当前，一些地方在政绩考核中存在的一个突出问题，就是简单地把政绩与数据和指标画等号，导致政绩考核上失真、用人上失察，使少数追求虚假政绩者报喜得喜，吹牛得牛，受“益”匪浅，在干部中产生了很不好的导向。因此，要建立科学的政绩考核体系，制定可行的政绩考核标准，完善严格的政绩奖罚制度。考评干部的政绩，既要看经济建设成果，又要看社会进步；既要看当前的发展，又要看可持续发展；既要看经济增长的总量，又要看人民群众得到的实惠；既要看经济效益，又要看环境效益、生态效益；既要看经济社会发展的成果，又要看党的建设的成效。要使勤政为民、求真务实的干部得到褒奖，使好大喜功、弄虚作假的干部得到惩戒，真正形成勤政为民干事业、真抓实干创实绩的良好风气。

领导干部要树立科学的人才观

国以才立，政以才治，业以才兴。人才是各项事业兴衰成败的关键，历来为人们所重视。汉武帝在《求贤诏》中指出：“盖有非常之功，必待非常之人。”唐太宗李世民曾说：“致安之本，惟在得人。”古代明君都能明白人才的重要性，在全面建设社会主义现代化国家的今天，党的各级领导干部更应树立科学的人才观，用一流人才，创一流业绩。

树立科学的人才观，是适应经济全球化和国际人才竞争的客观需要。当今世界，国家之间的经济联系日益密切，科技进步日新月异。人才作为知识的创造者、承担者、传播者、使用者，正在成为主导或制约经济发展和社会进步的关键因素。国际竞争，说到底是人才的竞争。人才资源的开发已经成为世界各国经济和社会发展的战略制高点，谁占据了这个制高点，谁就能够在国际竞争中处于有利地位。因此，树立科学的人才观，实施人才强国战略，是适应经济全球化趋势不断发展、应对国际人才激烈竞争的必然选择。

树立科学的人才观，是全面建设社会主义现代化国家、不断开创中国特色社会主义事业新局面的客观需要。现代化建设，以人才为本。新形势下我国人才工作的根本任务就是大力实施人才强国战略。实施人才强国战略既是全面建设社会主义现代化国家的重要内容，又是全面建设社会主义现代化国家的根本保证。全面建设社会主义现代化国家对人才和人才工作提出了新的更高的要求，这就迫切需要我们与时俱进，努力建设一支宏大的高素质人才队伍，为全面建设社会主义现代化国家提供可靠的人才保证和广泛的智力支持。

树立科学的人才观，是增强党的执政能力、巩固党的执政地位的客观需要。中国共产党作为执政党，是社会主义现代化建设事业的领导核心。党的执政能力的大小、强弱，依赖于各级领导干部的能力和素质，也依赖于建设一支强大的人才队伍。只有树立科学的人才观，才能更好地在党的统一领导下，按照党管人才的原则，充分聚集各方面的人才，使我们的党不仅是党员人数众多的党，而且成为一个优秀人才聚集的党；不仅是群众基础广泛的党，而且成为各方面人才鼎力奋斗的党。

领导干部要树立科学的人才观，必须在以下几个方面下功夫。

要有爱才之心。一是从思想上重视人才。要提高认识，更新观念，深刻理解“人才资源是第一资源”的科学论断，加大人才工作的宣传力度，积极营造有利于人才辈出、人尽其才的环境和尊重劳动、尊重知识、尊重人才、尊重创造的社会氛围。二是从感情上贴近人才。就是以情感人，以心换心，以自己的人格魅力去感召人才。要善于同各类人才交朋友，多找他们谈心，听取他们的意见和建议，最大限度地发挥人才的积极性和创造性。三是从行动上关爱人才。领导干部关心人才不能停留在口头上，而是要落实在行动上。领导干部要以事业为重，热心发现人才，诚心使用人才，精心爱惜人才，用心留住人才。同时，应打破“肥水不流外人田”的传统观念，放手让人才到最能发挥其才能的地方去，衷心支持各类人才的工作，真诚帮助、认真解决人才在工作、生活中的实际困难和突出问题，使他们真正感受到党和组织的关心和温暖。

要有识才之智。要善于发现人才，准确识别人才。一是要将品德、能力和业绩作为衡量人才的主要标准。重点培养和造就靠得住、有本事的高层次党政领导干部，职业化、现代化的高层次企业经营管理者，思想政治素质高、服务意识强、善于组织和参与重大科研项目的高层次专业技术骨干，以此来带动人才队伍的建设，形成门类齐全、梯次合理、素质优良、能充分满足市场经济和社会发展需要的三支人才队伍。二是提高识才本领。能否识别和发现人才，与领导干部自身的素质和能力有直接的关系。领导干部要努力提高自身的素质和修养，具备敏锐的政治眼光与科学的人才观念，掌握必要的专业知识和辨别真伪、区分优劣的本领，使人才脱颖而出。三是拓宽识才视野。有的领导干部对潜在的人才视而不见，不去挖掘、考察，造成许多人才被埋没和浪费；有的领导干部不能客观公正地识才，要么重德轻才，要么重才轻德；有的领导干部缺乏辩证的识才方法，看不到人才的主流、本质和大节，吹毛求疵，求全责备。领导干部选才、识才要坚持五湖四海、任人唯贤、唯才是举的原则，不拘一格地大胆选拔和使用人才。

要有容才之量。常言道："宰相肚里能撑船。"作为领导干部，应有容才、纳才的肚量。一是客观待才。每个人都有自己的个性，看问题和做事有自己的观点和方法，有时难免与领导的想法和意见不一致，甚至有明显分歧。对此，领导干部要善于听取他们的意见，只要对工作有利的，都应予以支持、正确对待，切不可将其视为"异己"。二是宽容待才。人才不是全才，也许有这样或那样的缺点和不足，工作中难免出现一时的过错和失误。领导干部应采取实事求是的态度，具体问题具体分析，允许人才犯错误和跌跟头，要帮助他们出成就，对取得的成就，要及时表扬和奖励，要大力宣传，不能将其功劳占为已有，甚至担心他们超越自己而压制人才的发展。

要有用才之艺。要拴心留人，善于充分调动各类人才的积极性和创造性。在人才培养上，要有战略眼光，舍得花本钱、下功夫。在人才选拔上，要坚持优胜劣汰原则，真正做到"能者上，庸者下"。在人才使用上，要用人不疑，放手使用，并不断优化创业环境，从各个方面为人才施展才能、实现抱负创造条件。在人才考核上，要客观公正地评价人才的德、能、勤、绩、廉，引入竞争机制，奖优罚劣，努力营造鼓励人才干事业、支持人才干成事业、帮助人才干好事业的氛围和环境。

各级领导干部只有树立强烈的人才意识，寻觅人才求贤若渴，发现人才如获至宝，举荐人才不拘一格，使用人才各尽其能，才能真正实现人才强国。

领导干部要树立正确的数字观

2017年全国“两会”期间，习近平总书记在参加辽宁省代表团讨论时说：“经济数据造假，不仅影响我们对经济形势的判断和决策，而且严重败坏党的思想路线和求真务实的工作作风，败坏党在人民群众中的形象。”他要求全国范围内都要杜绝数据造假现象。然而，当前有两种错误倾向：第一种倾向是片面追求数字，视数字符号为工作本身，数字至上，搞数字崇拜，为数字而数字，为了数字不择手段，把数字当作“面团”和“泥巴”，任意夸大、缩小、编造。具体表现有三：一是虚假数字。在有的干部看来，为官一任，政绩一定要比上届和往年高，在发展没有实质性突破的情况下，便在数字上做文章，要么无中生有，要么夸大其词，数字的“发酵率”高得惊人。二是“高价”数字。有的干部为了一己政绩不惜浪费资源、污染环境，使一些山清水秀的村镇成了“癌症村”“污染村”，经济发展的数字上去了，生态环境的质量却下来了，数字的“价值比”高得惊人。三是片面数字。一些地方和部门公布的数字，只选“亮点”“增长点”，如GDP、财政收入等，而对社会就业率、社会保障率、适龄儿童入学率、社会治安满意率等情况不够好的数字，从不或很少提及，还美其名曰“以经济建设为中心”，数字的“偏好性”高得惊人。第二个倾向是讳言数字，回避数字，视数字如洪水猛兽，无视数字的客观存在，贬低数字的作用，怕被扣上假、大、空的帽子，不敢理直气壮地谈数字。这种倾向表现在工作中，就是连正常的工作数字也不要了，不敢用具体的数字目标要求自己，衡量下级，不去通过数字的增减变化来把握经济社会的发展动向和趋势，糊里糊涂，以至于工作缺乏具体的、可操作的目标和方向，缺乏动力和激情，不思进取，无所作为，本可以做得更好的不去积极努力，本可以发展更快的不去主动争取。

数字是反映事物发展变化状态的计量符号，是衡量我们各项工作的工具和尺度，我们的许多工作都可以通过数字反映、量化出来。在数字化时代，我们对数字要有一个客观、辩证的态度，既不必迷信，也不必讳言。

这两种错误观念已影响和制约了经济社会的持续、协调、健康发展，其根源在于没有把握好数字与政绩的关系。其实，量（数字）和质（政绩）是辩证统一的关系，一定的量反映的是质的规定性，一定的质则要靠量的状态和程度来表达。真实的数字能客观、直观地反映经济社会的发展状况，反映真实的政绩。如果一套考评标准大而化之，笼统抽象而不能量化，不仅让人看不出纵向的变化，也难做横向比较，这样的考评标准有等于无。只有数字才能将客观事物的变化准确反映出来。一个部门、一任官员的工作成效和政绩最终要靠数字来衡量、来表现、来说明，应该是政绩靠数字，数字体现政绩。但这种政绩必须是实实在在的数字，是“干货”，是干出来的数字，而不能是“水货”，是编造出来的数字；政绩必须是“正绩”，是有效益的成果，而不能是“负绩”。

领导干部要树立正确的政绩观，首先必须树立正确的数字观。正确地对待数字，一切从本地实际出发，真抓实干，努力做到每一项工作、每一个数字都能经受住实践和历史的检验。

领导干部树立正确的数字观，必须坚持执政为民，协调发展。发展是硬道理，是硬政绩。发展是为了不断满足人民群众对美好生活的向往，但这种发展必须是全方位的发展，是统筹经济社会各方面的发展。为官一任，要对党、对人民负责，必须创造政绩，但真正的政绩不应单纯追求GDP增长了多少，基础设施投资增加了多少，更应该关注群众日常生产、生活中的各种问题解决了多少。就业、就医、就学、社保、社会治安等，都是与老百姓息息相关的大事，这些问题解决得如何，反映这些问题的数字该提高的提高了多少，该降低的降低了多少，都应纳入政绩范畴，只有这样，才能真正得到群众的拥护和支持。

领导干部树立正确的数字观，必须坚持求真务实，知行合一。求真务实，是中国共产党的思想路线的核心内容，也是党的优良传统和共产党人应该具备的政治品格。领导干部要在执政为民的实践中创造政绩，出好数字，必须求规律之真，务发展之实，切实做到知与行的统一。要深入探索客观规律，正确认识基本国情，准确把握本地区、本部门的客观实际。要从基本国情和本地实际出发，真抓实干，把正确的“知”和切实的“行”有机统一起来，一切从实际出发，不提不切实际的高目标，不报脱离实际的高数字，不喊脱离实际的空口号。定目标而不压指标，有发展的紧迫感而不浮躁，既实事求是又奋发有为，既立足实际又善于“跳起来摘桃子”，这样才能求得真数字，才能创造出党和人民所希望和需要的政绩。

领导干部树立正确的数字观，必须坚持群众路线，科学考评。假数字骗得了领导，骗不了群众。干部工作干得好不好，群众的眼睛最亮，也最有发言权。只要把干部的考察权、评议权交给群众，让老百姓给党员干部打分，这样出来的数字才不会有假。所以考察政绩，一定要以老百姓出的数字为依归，用“民意”测度政绩，并且政绩的测度，既要看届中表现，又要听“卸任回声”，如对任内的干部，定期进行民意测验，对新任的干部，到原单位“追评”等都不失为好办法。只有建立起历史而现实、全面而客观、量化而准确地反映领导班子和领导干部政绩的数字考核体系，才能使真政绩、真数字得到褒扬，假数字、假政绩无处藏身。

第十六章

领导作风问题

领导干部要带头反对享乐主义

习近平总书记对享乐主义作了深刻的剖析："在享乐主义方面，主要是精神懈怠、不思进取，追名逐利、贪图享受，讲究排场、玩风盛行。有的意志消沉、信念动摇，奉行及时行乐的人生哲学，'今朝有酒今朝醉'，'人生得意须尽欢'。有的追求物质享受，情趣低俗，玩物丧志，沉湎花天酒地，热衷灯红酒绿，纵情声色犬马。有的拈轻怕重，安于现状，不愿吃苦出力，满足于现有学识和见解，陶醉于已经取得的成绩，不立新目标，缺乏新动力，'清茶报纸二郎腿，闲聊旁观混光阴'。"[①]享乐主义是与党的宗旨根本对立的，也是与党和人民对干部的要求与期望背道而驰的，因此，领导干部要带头反对享乐主义。

反对享乐主义，是加强党的建设的需要。加强党的建设，领导干部是关键，这就要求各级领导干部必须做到以身作则，率先垂范，必须时刻牢记"勤俭"二字，要勤于政务，以俭养德，以俭戒奢，以俭戒贪，以俭戒怠。党和政府的整体威望要靠每一个党员和干部的形象来培育和维护。领导干部的威信靠上级封不出来、靠权力压不出来、靠别人吹不出来，而只

---

① 习近平：《十八大以来重要文献选编》（上），中央文献出版社2014年版，第312页。

能靠“公生明、廉生威”。领导干部如果贪图享受，不注重节俭，就不能心系群众、与群众同甘共苦、以实际行动凝聚人心，其个人威信也就无从谈起。因此，各级领导干部由俭开始，抛弃享乐主义，勤勤恳恳，任劳任怨，一门心思用在工作上，这是加强党的建设的需要，更是事业兴旺、国运昌盛的需要。

反对享乐主义，是建设社会主义政治文明和精神文明的需要。领导干部自身既是政治文明和精神文明建设的组织者和领导者，又是实际执行者。打铁还须自身硬。对于政治文明和精神文明建设，各级党政领导部门的主要负责同志，既要精心部署，周密安排，讲求实效，又要从自身做起，带头执行各项制度和规定，带头崇俭戒奢，反对享乐主义，在全社会开创一代新风。领导班子的其他成员也要在各自的职权范围内发挥模范带头作用。不如此，就没有资格领导群众。群众看我们的领导干部不仅要看其讲得怎样，更要看其做得如何。“其身正，不令而行；其身不正，虽令不从。”领导干部如果成天斤斤计较于“食无鱼”“出无车”，信奉享乐主义，又怎么去号召和要求广大干部群众奋发向上、埋头苦干呢？

反对享乐主义，必须认真解决好领导干部的“三观”问题。树立正确的世界观、人生观和价值观，无论过去、现在还是将来，对于每一个干部和党员来说，都是首要的问题。那么，如何才能树立正确的世界观、人生观和价值观呢？抓好学习这个环节是问题的关键所在。事实证明，信仰坚定源于理论成熟，而理论成熟离不开系统的学习。这里面有两层含义：一是向书本学习。当前，首要任务是学习习近平新时代中国特色社会主义思想。这就要求我们全面、准确地理解和掌握其科学体系和精神实质，在改造客观世界的同时努力改造主观世界，从而使科学的理论在实际运用中见到成效。二是向群众学习，向实践学习。要到群众中多走走，到贫困地区多看看，多交几个普通百姓的知心朋友，看看我们的衣食父母吃的是什么，用的是什么；要能够放下架子，深入实践中去，身体力行，做劳动人民的一员，尝尝实际工作的酸甜苦辣。这样，思想就会受到触动，就会明白作为一名领导干部去追求所谓的享受是多么的不应该，从而就会摆正不良的生活态度，振奋起已经有些懈怠的精神状态。

反对享乐主义，必须采取有效措施促使领导干部正确对待权力。现在有的领导干部没有从认识上真正搞清楚自己担任一定的领导职务究竟是为了“做事”，还是为了“做官”，亦即对于用权干什么的问题没有解决好。为此，就要加强教育和引导，促使各级领导干部正确对待权力，过好“权力关”。要按照干部管理权限，注意抓好对领导干部的用权监督。要对其任职一个时期内的各种情况进行综合分析、统一考虑，要看一看这个领导干部在工作中干了多少事，在待遇上花了多少钱，通过比较分析，促使其正确对待权力，以培植正气，遏制私欲。

反对享乐主义，必须以廉政建设为核心，狠抓各项制度的落实。领导干部在待遇和利益面前既要考虑“该不该”，更要衡量“廉不廉”，如果能够做到廉洁从政，许多烦恼都会迎刃而解。有些问题之所以“说不清”，是因为这些领导干部自我约束意识差，制度观念淡薄，视各项规章制度形同虚设，把中央三令五申的律例条令当成耳边风。因此，要以廉政建设为核心，狠抓各项制度的落实。对于领导干部的用车、公务接待、装修办公室、住房和公费出国（境）考察等问题，中央和各级党政部门有明确规定的，要加大执行和落实力度，加强监督检查，发现问题要及时进行批评教育、诫勉和严肃处理。对那些害怕艰苦、追求享受的干部坚决不能重用。

领导干部要时刻警醒自己，培育积极健康的生活情趣，坚决抵制享乐主义、奢靡之风，永葆共产党人清正廉洁的政治本色。

反对好人主义

当前，有一种不良风气正在侵蚀党的肌体，并助长了腐败现象的滋生和社会上的不正之风。这种不良风气就是好人主义。

好人主义的主要表现是：有的领导班子表面上维持一团和气，出了问题掩着、盖着，民主生活会上你好、我好、大家好，谈成绩的多，提出批评意见的少；有的干部怕丢选票，宁可得罪工作，也不得罪“朋友”，宁可失原则，也不伤感情；有的领导对下级该公开批评时，却包着、护着，大事化小，小事化了，而下级对上级则投桃报李，随声附和，抬着、捧着；同级之间，明知不对，少说为佳，明知这个干部不咋样，只要与自己没有利害冲突，有上级组织来考察，说优点一大堆，说问题轻描淡写，做顺水人情，当“好好先生”。

好人主义的危害极其严重。首先，好人主义背离了党的宗旨，背离了以人民为中心的发展思想。中国共产党始终坚持以人民为中心，始终代表最广大人民的根本利益，人民的利益应该高于一切、先于一切。而好人主义只是从个人和小团体的利益出发，与党的利益、人民的利益格格不入。其次，好人主义削弱了党性，背离了从严治党的原则。长期以来，一些消极腐败现象屡禁不止，与治党不严有很大关系，而少数地区和部门之所以治党不严，其中一个重要原因也是好人主义在作怪。最后，好人主义助长了社会上的不正之风。党风影响民风。在一些地区的社会生活中，有时出现见义而不勇为，见丑恶而不斗争，姑息迁就歪风邪气的现象，这与党内的好人主义者奉行明哲保身的人生哲学有一定关系。好人主义是党的生活的一种腐蚀剂，是从严治党的一大障碍。

好人主义的市侩作风原本是封建制度下人身依附关系的产物。马克思曾经指出：“随着经济基础的变更，全部庞大的社会上层建筑也必然会或迟或早发生变化。”发展市场经济不可避免地会出现泥沙俱下的现象，人们的思想观念、思维方式和人际关系也会发生变化。经济利益原则在为集体主义道德观注入强大生机的同时，也会在一定程度上导致利己主义思潮的潜滋暗长。但从主观上来分析，主要还是这些同志淡化了共产党人的崇高理想和信念，以致在大是大非面前不能坚持正确的原则和立场，或被“糖衣炮弹”所击倒，或被花言巧语和虚情假意所蒙蔽，认定只要对个人有利，其他的诸如党性原则、人格尊严、道德操守等，都可以置之不理。

习近平总书记指出，好人主义盛行，有问题不指出，有过错不批评，这种庸俗作风盛行之处，往往就是党组织和领导上政治软弱、作风涣散的地方，就是党员、干部中出问题多的地方。[①] 要开展积极健康的思想斗争，推动形成是非功过分明、团结向上的风气，增强党内生活的政治性、原则性、战斗性，坚决反对好人主义。

反对好人主义，最根本的是要坚持正确的用人导向。要用好的作风选人，选作风好的人。在干部选拔任用工作中，一些地方存在简单以票取人的倾向，无形中助长了好人主义。有的干部不是把主要精力用在为人民办实事上，而是放在拉关系、争选票上。各级组织人事部门应该公道正派，自觉克服和抵制选人用人中的好人主义。要坚持正确的选人用人标准，大胆起用那些坚定地践行以人民为中心的发展思想，敢于坚持原则，动真碰硬、敢抓敢管的人，营造一种支持干事业的人的良好氛围。要正确对待群众推荐票，既引导群众珍惜自己的民主权利，投好自己神圣的一票，又重视分析群众推荐票中的真实成分，真正做到既坚持群众公认，又不简单以票取人，通过坚持正确的用人导向，带动和促进党风、政风、行风和社会风气的好转。

反对好人主义，最重要的是各级领导干部要率先垂范。有的同志敢抓

① 习近平：《扎实做好保持党的纯洁性各项工作》，《求是》2012年第6期。

敢管，却忽视了工作方法，得罪了一部分人，领导就认为他群众基础不好、领导工作方法欠缺、政治上不成熟等。这样，一些同志原本想坚持的，也不坚持了，原本想反对的，也不反对了。要看到，一个干部只要工作，就要处理各种矛盾，就难免得罪人，但是只要代表的是绝大多数群众的根本利益，我们就应该坚持，而且最终会得到群众的理解。因此，领导干部一定要以身作则，敢于带头动真碰硬，同时鼓励和支持下级坚持原则、讲真话、道实情、提意见，在党内大力营造敢说真话、愿说真话、争说真话的良好环境。只要各级党组织和领导干部在这个问题上旗帜鲜明，坚持原则，树立正确的导向，坚决维护党的纪律的严肃性，好人主义就会在党内失去市场。

反对好人主义，最关键的是要不断强化民主与法制。一些人之所以热衷于市井小人那套小聪明，削尖脑袋找门路、拉关系，所看中的正是对某些部门和领导权力的监督机制不够完善，可以和一些人沆瀣一气，从中渔利。对此，各级组织必须从政策、法规、制度上保障人民的民主权利，保证公正用权、依法办事、相互监督、以身作则、克己奉公，确保权为民所用、情为民所系、利为民所谋，使那些“投机者”无机可乘、无利可得，从根本上遏制好人主义滋长蔓延。

领导工作重在落实

落实是领导干部最重要的政治品质，也是领导干部必备的基本功。落实是领导工作的重要内容，也是领导工作的重要环节。领导工作千头万绪，狠抓落实就能厘清头绪；领导工作千难万难，狠抓落实就能冲破艰难。是否真抓落实，是对领导干部党性、觉悟、事业心、责任感的考验；能不能抓好落实，是对领导干部领导能力、水平、方式、方法的检验。

抓落实，是践行以人民为中心的发展思想的内在要求。以人民为中心的发展思想的第一要义是发展，以人民为中心的发展思想的本质和核心是以民为本，以人民为中心的发展思想的基本要求是创新、绿色、协调、开放、共享，以人民为中心的发展思想的根本方法是统筹兼顾，这些观点都是具体的、实在的，都要靠实践，要真心实意地抓、实实在在地干。领导干部是以人民为中心的发展思想的拥护者，更是以人民为中心的发展思想的实践者。实践的过程就是抓落实的过程，就是把以人民为中心的发展思想的路线、方针、政策以及各种决策变为行动，把主观见之于客观的过程。不抓落实，只是停留在文件上和口头上，科学发展就无从谈起。

抓落实，是贯彻执行领导决策的关键环节。领导工作最重要的职责就是决策。作出决策和决策实施方案的部署，事情只是进行了一半，还有另外重要的一半，即要确保决策和部署的贯彻落实。落实是决策的出发点和根本归宿。实践证明，一个地方的经济社会能否持续、快速、健康发展，人民群众的生活水平能否迅速提高，不仅取决于当地领导的决策是否正确，而且取决于当地的领导干部和群众是否有狠抓决策落实的决心和行动。一个好的决策必须通过落实才能得到全面贯彻，必须通过落实才能得到坚决执行。否则，再好的决策也只能是一纸空文。

抓落实，是克服形式主义、官僚主义的治本之策。现实生活中，一些地方因为官僚主义严重，政策不落实，工作不到位，问题成堆，人民群众的合法权益得不到保障，群众上访不断；一些地方因为形式主义盛行，工作不落实，经济发展落后，脏乱差面貌依旧，人民生活水平长期得不到提高。在实际领导工作中，仍然存在“以会议贯彻会议、以文件贯彻文件、以讲话贯彻讲话”等问题，存在“布置工作多、检查督办少，一般号召多、具体指导少”等现象。这些问题和现象的出现，导致一些部门和单位的工作打不开局面，任务落不到实处，事业得不到发展。人民群众对此极为不满。究其原因，主要是一些领导干部宗旨观念淡薄，缺乏强烈的事业心和责任感，不注重加强学习，不认真研究矛盾，不善于解剖问题，久而久之，导致在思想上不能求实，在工作上不愿务实，在行动上不抓落实，丧失了共产党人的先进性。

领导干部狠抓落实，必须在以下几个方面下功夫。

第一，必须深挖思想作风根源，切实解决好“落实不了”的问题。一是要用习近平新时代中国特色社会主义思想改造主观世界，牢固树立立党为公、执政为民的思想。二是要力戒浮躁，大力倡导脚踏实地、埋头苦干的作风。落实是硬活、苦活、累活，需要一种坚韧不拔、咬定青山不放松、不达目的誓不罢休的劲头和精神。落实靠抓，工作靠干，浮躁是落实的大敌。抓落实，必须肃清浮躁之风，大力倡导真抓、实干之风。领导干部必须牢记“两个务必”，坚决反对不切实际、急功近利的行为，一步一个脚印地推动工作；坚决反对形式主义、官僚主义的恶习，实实在在地为群众排忧解难。

第二，必须改进领导方法，认真解决好“不会落实”的问题。一是要抓重点。抓落实，绝不能眉毛胡子一把抓，必须学会在统筹安排的基础上，紧紧抓住重点工作和工作重点，并且要集中力量，抓住不放，一抓到底，抓出成效，以重点工作和工作重点的落实推进全面工作的落实。二是要抓具体。抓落实，既要善于从大处着眼，更要善于从小处着手，从一件件具体的小事、实事抓起，把上级的大政方针与本地区、本部门、本单位的具体情况相结合，创造性地提出具体的工作思路，着眼解决具体问题，制定具体措施。所以，抓落实必须选准落实的着力点。三是要抓问题。抓落实就是解决问题。为此，必须深入基层、深入群众，通过调查研究，抓住存在的问题，以问题的解决去推进工作的落实。

第三，必须完善工作机制，努力形成“保障落实”的制度环境。一是建立健全检查和监督机制。要加强督查队伍，构建督查网络，完善检查机制，对于已经部署的工作和任务，特别是重点工作和中心任务，一定要加强检查，督促落实。同时，要完善监督机制，把工作落实情况置于群众的监督之下，以有效的监督促进各项工作的落实。二是建立健全目标责任制和责任追究机制。责任不明，落实往往会落空。要把目标责任层层分解到有关单位、部门和负责同志，使人人头上有目标、个个肩上有责任。对于目标责任落实不了、落实不好的干部和单位要严格追究责任。三是把握正确的用人导向。要用好的作风选人，选作风好的人。对于那些求真务实有政绩的人，真抓实干有实绩的人，开拓创新有贡献的人，要大胆提拔、委以重任；对于那些虚报浮夸、不干实事的人，弄虚作假、不求实效的人，得过且过、不思进取的人，要从严查处，坚决撤换。

习近平总书记强调，抓落实来不得花拳绣腿，光喊口号、不行动不行，单单开会、发文件不够，必须落到实处。要有真抓的实劲、敢抓的狠劲、善抓的巧劲、常抓的韧劲，抓铁有痕、踏石留印抓落实。[①] 只有这样，才能真正确保党的路线方针政策和上级的重大决策部署得到全面贯彻和落实。

抓落实关键要有执行力

习近平总书记明确指出，抓落实，是党的政治路线、思想路线、群众路线的根本要求，也是衡量领导干部党性和政绩观的重要标志。[②] 抓落实是中国共产党的一贯主张和优良作风，我们做好各项工作都必须在抓落实上下功夫。

然而在现实生活中，往往会出现这样的情况，明明看到了问题、制定

① 习近平：《中共中央政治局召开民主生活会 习近平发表重要讲话》，《人民日报》2017年12月27日。

② 习近平：《中共中央政治局召开民主生活会 习近平发表重要讲话》，《人民日报》2017年12月27日。

了措施，但结果却不甚理想，甚至事与愿违，其根源在于执行力不高。可见抓落实，关键要有执行力。没有执行力，就没有竞争力；没有执行力，落实就是空话，务实就是口号。如何在抓好落实上做文章呢?

要以好的机制提高抓落实的执行力。有效的机制是推动工作落实的必要前提，抓落实要明确责任。长期以来，一些工作之所以议而不决、决而不行、行而无果，主要还是责任问题。一定要建立主体明确、层级清晰、具体量化的岗位责任制，形成内设机构之间、岗位之间的无缝责任链条，明确工作责任和工作规程，做哪些事、由谁做、达到什么效果，责任到人，限期完成，确保落实到位；要完善考评，对工作落没落实、落实得怎么样，要有一个比较客观、易于操作的评价标准，力求使工作干与不干不一样、干好与干差不一样。加强督查是推动工作落实的有效途径，要加强督查和及时反馈，实行决策督办、专项督办，加强动态跟踪和过程管理，及时协调解决落实中的困难和问题，坚决克服只管安排、不问结果的倾向，确保各项工作任务顺利推进。通过督查掌握工作进展情况，及时了解其中哪个环节出现了问题，哪个环节执行力不到位，确保工作抓一项成一项。

要以好的作风提高抓落实的执行力。良好的作风是推动工作落实的根本保证，抓落实要扎实、深入。抓落实是一项艰苦的工作，必须锲而不舍、深入细致，切忌猴子掰苞谷、虎头蛇尾。抓落实也是一个动态过程，必须反复抓和抓反复，保证工作落实的连续性，执行力要落实在防止反复上。实践证明，抓工作不可能“毕其功于一役”，凡落实得比较好的工作一般都不是一次到位，而是需要反复努力，长期坚持，要螺旋式上升“反复抓”，适应新情况，提出新对策，不断地修改完善原有举措，使抓落实循序渐进，一步一个台阶地前进。

要以领导带头提高抓落实的执行力。一项工作能否推动、做得如何，很重要的一点，在于领导干部能不能以身作则抓落实。要坚决反对那种形式主义、官僚主义的作风，那种得过且过、无所作为的态度；要防止以会议落实会议、以文件落实文件的做法，坚决克服把说当成做、把说过当做过的毛病。各级领导干部要努力从文山会海中摆脱出来，从不必要的应酬中摆脱出来，把主要精力放在落实工作上，深入基层、深入群众、深入一线，靠前指挥，一级带一级，一级抓一级，层层抓落实。抓工作落实，领导干部必须有重实际、说实话、办实事、求实效的工作作风。要深入基层做群众的贴心人，了解他们想什么、盼什么、关注什么，切实为基层群众排忧解难，而不能停留在讲些“原则”话、做些空泛的指示上。

当今的时代，是竞争的时代。任何拖沓、任何延误、任何缺位，都将使我们丧失机遇，贻误战机，并最终导致失败。我们必须有“人一之我十之，人十之我百之”的拼搏精神和“别人在跑，我们要奔”的追赶意识，踏踏实实、求真务实地狠抓落实，定下来的事就努力去干，一件一件去执行，一个困难一个困难地去克服，一步一步地去追赶。只有这样，我们才能在超越自身的同时超越别人，以更快更好的佳绩，向历史性跨越迈进。

领导干部要做讲正气的表率

习近平总书记强调：“领导干部要坚守正道、弘扬正气，坚持以信念、人格、实干立身。”[①] 正气，通常是指正确的舆论和良好的风气，宏观上表现为讲理想、讲奉献、讲团结；微观上表现为严于律己，气节刚正。笔者认为，领导干部要做讲正气的表率，必须坚决防止和克服“五种主义”。

第一，用人上的封建主义。各级党委及组织人事部门认真贯彻党的组

① 习近平：《习近平主持中共中央政治局第十六次集体学习》，中国政府网，2014年6月30日。

织路线和干部政策，严格按照德才兼备原则和干部“四化”方针选拔任用干部，为进一步深化改革开放和经济建设提供了坚强的组织保证。但是，用人上的不正之风和腐败现象还没有完全得到遏止。其主要表现如下：一是任人唯亲，搞小圈子。具体表现在用人上不讲条件讲亲疏，不讲原则讲私情，不讲正气讲义气。二是四处活动，跑官要官。少数领导干部信奉“生命在于运动，当官在于活动”的庸俗官场哲学，上蹿下跳，投机钻营，借看望领导、熟人之机，送钱送物，联络感情，大行跑官要官之实。三是权钱交易，买官卖官。不是官的送了礼能当上官，小官送了礼能当大的官，穷地方的官送了礼能换到富地方当官，不愿在乡下当官的送了礼能到城里当官。吏治腐败是最大的腐败，一切腐败现象几乎都可以在用人方面找到根源。从严治吏，首先就要从严治理选人用人上的不正之风和腐败现象，带头反对用人上的封建主义。

第二，作风上的官僚主义。官僚主义危害党的事业，必须坚决反对和纠正。必须充分发扬党的优良传统和作风，明确规定每个机关乃至每个人的职责权限，真正做到事事有人管，人人都管事，坚决防止和克服遇到责任互相推诿、遇到权力互相争夺的现象，自觉纠正官僚主义。

第三，政治上的分散主义。目前有两个问题比较突出：一是政令不畅，具体表现为对上级的决策合意的执行，不合意的就不执行。二是利欲熏心，主要表现为政府权力部门化，部门权力利益化，无利的事不愿办，有利的事放开干。每一个领导干部都应该站得高一点，看得远一点，要正确处理整体利益与局部利益的关系，长远利益与眼前利益的关系，集体利益与个人利益的关系，坚决维护习近平总书记党中央的核心、全党的核心地位，坚决维护党中央权威和集中统一领导，在思想上、政治上始终与党中央保持高度一致，旗帜鲜明地同一切损害党和人民群众利益的行为做坚决的斗争。

第四，生活上的享乐主义。一是贪吃。有少数领导干部上级来人陪着吃，同级之间互相吃，下到基层放肆吃，吃遍了山珍海味，喝尽了东西南北。二是贪玩。有极少数领导干部借学习考察之名，行游山玩水之实；借招商引资之名，行周游天下之实；借各种名义经常出入高消费娱乐场所，唱歌跳舞，桑拿按摩。三是贪色。生活腐化，寻欢作乐。享乐主义是当前干部队伍建设的大敌，享乐主义不克服，党的优良传统和作风就不可能发扬光大，党的性质和宗旨就无法体现，党的事业必将遭到严重挫折，党的执政地位也有可能因此而丧失，这并不是危言耸听。

第五，工作中的好人主义。自我批评时，成绩先戴帽，问题轻轻描，“希望”来修饰，“注意”说一套。批评他人时，事不关己，高高挂起，明知不对，少说为佳。对违法违纪行为，态度暧昧，迁就容忍，不敢站出来反对，甚至为违法违纪分子说情拉关系，开脱罪责。召开民主生活会时，跑调走样，把民主生活会开成闲谈会、表扬会、报告会、诉苦攀比会、工作会。现在，有一些党员干部信奉“坚持原则意见多，老好先生选票多，拉拉扯扯朋友多，吃吃喝喝好处多”，说什么“多栽花少栽刺，留下人情好办事，不说好不说坏，谁也不见怪”。好人主义的本质是私心作怪，明哲保身，怕得罪人，怕丢选票，怕既得利益或即将得到的利益受损失。它是党性不纯，党风不正的反映，是政治上的一种腐败现象。虽然只发生在少数党员干部身上，但其恶劣影响不可低估。它对干部是一种腐蚀，对社会是一种误导，对坚持原则的人是一种挑战，各级领导干部一定要从严要求自己，带头反对好人主义。

领导干部要戒浮躁

“浮躁祸国殃民，贻害无穷，必须戒此顽疾。”习近平总书记在《之江新语》一书中的告诫令人警醒。2016年3月7日，习近平总书记参加黑龙江代表团审议时在讲话中明确指出："要瞄准方向、保持定力、一以贯之、久久为功，急躁是不行的，浮躁更不行。"浮躁，按照字面理解，就是轻浮急躁的意思。浮躁是一种不太理智的情绪，是一种不太健康的心态，又是一种不太好的精神面貌。这种有害的心态、情绪和精神面貌，在不少人身上或多或少地存在，一些领导干部也染上了这种毛病，必须引起大家的注意和反思并尽力克服。

浮躁，从来都是有害无益的。无论是治学、为人还是做事，如果沾染了浮躁，轻则心绪不宁、无所事事，重则善恶不分、误入歧途，不但出不了成果，解决不了问题，还会陷入盲目性，导致新问题的产生。许多情况说明，社会和个人已经并且仍在为它付出沉重的代价，比如，有些单位因负责人的浮躁，为继任者留下数不清的问题，致使工作蒙受许多不应有的损失；企业负责人的浮躁，为经营者留下了隐患，甚至可能导致企业破产；科研人员浮躁，拿不出高质量的科研成果；作家、艺术家浮躁，创作不出好的作品。领导干部如果浮躁，就不可能深入实际调查研究，就不可能扎扎实实抓好工作落实。急功近利，热衷于搞短期行为，破坏的是高质量发展的根基，影响的是持续增长的后劲，留下的是长期隐患。

浮躁，从主观原因来看，一是源于急功近利。急功近利是一种不正常的心态，世界上没有不播种就有收获、不努力就能成功的奇迹。许多急功近利者往往适得其反，欲速则不达，功未得利未获，却付出沉重的代价。二是自身修养不够。知识贫乏，思想境界不高，艰难困苦体验少，学习工作缺动力，后劲差，在纷繁复杂的形势面前容易乱方寸、跟风走、出岔子。

领导干部要提高理论水平，掌握基层情况，抓好工作落实，争取更大成效，非有一个良好的情绪、心态和精神面貌不可，非戒浮躁不可。

领导干部要戒浮躁，就要勿忘职责，志存高远。诸葛亮在《诫子书》中有言："非淡泊无以明志，非宁静无以致远。"平和宁静的心态来源于淡泊清正的欲求，严谨刻苦的治学态度来源于对自身差距和肩负责任的深刻理解，而强烈的求知欲望和责任意识来源于崇高的人生追求和正确的价值取向。只有把理想和追求树立得高一些，把事业和责任看得重一些，把名利和享受看得淡一些，真正坚持不懈地把学习作为完善自身素质的根本途径，才会远离浮躁。

领导干部要戒浮躁，就要心无旁骛，心静专一。明代钱琦在《钱子语测·法语篇》中写道："人心能静，虽万变纷纭，亦澄然无事；不静，则燕居困暇，亦冲然靡宁。"时光如白驹过隙，稍纵即逝，只有耐得住寂寞，以寡欲为要，以恭俭为先，方能盈科而进，不负光阴。

领导干部要戒浮躁，就要锐意进取，争创佳绩。做事同做学问一样，也应经过三种境界：第一种境界，"昨夜西风凋碧树，独上高楼，望尽天涯路"，必须站得高，看得远，选定自己的奋斗目标。第二种境界，"衣带渐宽终不悔，为伊消得人憔悴"，在认定目标后，就要为实现目标奋力拼搏，并且始终不悔。第三种境界，"众里寻他千百度，蓦然回首，那人却在，灯火阑珊处"，经过千百次的努力，回头一看，忽然发现自己为之奋斗的目标就在眼前，成功已在向你招手微笑。有了这三种境界，浮躁之气自然会远离。

领导干部要戒浮躁，除了要注重提高自身修养，端正"官"念，耐得住寂寞，抗得住诱惑之外，还应强化教育。要教育各级领导干部正确认识我们所面临的国际形势和基本国情，牢固树立长期艰苦奋斗的思想，正确认识中国特色社会主义事业的艰巨性，用马克思主义的立场、观点、方法分析问题和解决问题，从思想上筑起防止浮躁滋生的堤防。要综合治理，从思想上、制度上、组织上协调配合，全力整治。特别要注重把力戒浮躁、夯实作风纳入党的自身建设的范畴，作为领导干部素质教育的一个重要方面，既要注意通过教育培训，努力提高各级领导干部的思想理论水平，又要注意在实践中培养和锻炼领导干部。同时，对贪图享乐而不愿长期艰苦奋斗的人，对置人民群众利益于不顾而热衷于搞形式主义的人，要采取组织措施及时处理，重用那些潜心事业、埋头苦干、不尚空谈、只干实事、能出实绩的干部。

领导干部戒浮躁，是一个理论联系实际，反复自我教育、自我锻炼的过程，各级领导干部应始终保持谦虚谨慎、不骄不躁、勤勉务实的作风，始终保持艰苦奋斗的作风。

大力弘扬艰苦奋斗的精神

在党的十九大报告中，习近平总书记指出："全党一定要保持艰苦奋斗、戒骄戒躁的作风，以时不我待、只争朝夕的精神，奋力走好新时代的长征路。"① 艰苦奋斗作为中国共产党的优良传统和作风，作为我们马克思主义政党的政治本色，是凝聚党心民心、激励全党和全体人民为实现国家富强、民族振兴共同奋斗的强大精神力量，是中国共产党保持同人民群众血肉联系的一个重要法宝。然而，"这些年来，拜金主义、享乐主义和奢靡之风在党员队伍和干部中有滋长和蔓延之势，艰苦奋斗的优良作风在一部分党员、干部那里被淡忘了，在少数人那里甚至被丢得差不多了"。所以，今天必须在全党重提并大力弘扬艰苦奋斗精神。

大力弘扬艰苦奋斗的精神，首要问题是要牢记党的宗旨。中国共产党的宗旨是全心全意为人民服务，始终代表最广大人民的根本利益，把最广大人民的根本利益维护好、实现好、发展好，这是中国共产党坚持执政为民的必然要求。只有牢记党的宗旨，时刻保持党同人民群众的血肉联系，才能继承和发扬艰苦奋斗的作风。每一个党员干部都应不断强化为人民服

① 习近平：《习近平谈治国理政》第三卷，外文出版社2020年版，第54页。

务的宗旨意识，一心想着人民，一切为了人民，时刻保持党同人民群众的血肉联系，把人民群众的根本利益作为一切工作的出发点和归宿。历史和现实告诉我们，与人民群众紧密相连，我们心里才最踏实、工作才最有力量。各级领导干部要从文山会海中解脱出来，从各种繁杂的应酬中解脱出来，迈开双脚，到群众中去，到实际中去，深入调查研究，倾听群众呼声，关心群众疾苦；伸出双手，牢牢抓住各项工作的主动权，切实解决存在的突出问题，解决人民群众生产和生活中的困难，带领广大群众创造美好生活。

大力弘扬艰苦奋斗的精神，关键问题是领导干部要率先垂范。领导干部要以身作则、带头弘扬艰苦奋斗的精神，在任何时候、任何情况下，都应该不辱使命、不负重托，做到政治上清醒、思想上坚定、精神上振作、工作上勤奋、作风上艰苦、生活上廉洁，这样才能有说服力和号召力。领导干部能否在艰苦的工作和生活环境中保持旺盛的斗志，这是一种考验。当经济发达了、物质条件改善了，特别是地位变了、职位高了，是否还能继续保持和发扬艰苦奋斗的作风，这更是一种严峻的考验。领导干部不论在什么岗位上，都要带头与群众同甘共苦，艰苦创业。要以对党、对人民高度负责的强烈责任感和使命感，带头转变作风，带头过紧日子，带头反对各种消极腐败现象，拿出更多的时间深入基层、深入群众，帮助群众解决实际问题。要有吃苦在前、享受在后的思想境界，绝不能在工作和生活中搞特殊化。只有这样，才能得到人民群众的衷心拥护和爱戴。

大力弘扬艰苦奋斗的精神，迫切问题是要坚持与时俱进。时代在发展，艰苦奋斗精神也必然具有新的时代内涵。艰苦奋斗的实质一方面是指崇尚节约的生活作风，另一方面是指不畏艰难、锐意进取的思想品格，包括奋发向上、一往无前的精神状态，不怕困难、百折不挠的坚强意志，自强不息、开拓进取的精神风貌，兢兢业业、无私奉献的工作态度。发扬艰苦奋斗精神要与时俱进，不断赋予新的时代特色，充实新的思想内容。结合时代和社会发展的要求，在今天，发扬艰苦奋斗精神，就是要全面贯彻习近平新时代中国特色社会主义思想，自强不息，奋发图强，努力做到发展有新思路、改革有新突破、开放有新局面、各项工作有新举措。

大力弘扬艰苦奋斗的精神，根本问题是要求真务实。艰苦奋斗不是一句空洞的口号，我们要以求真务实的精神坚持艰苦奋斗，以求真务实的作风践行艰苦奋斗。“历览前贤国与家，成由勤俭破由奢。”艰苦奋斗的精神是和辉煌成就紧密联系在一起的。奋斗就会有艰辛，艰辛孕育着新的发展。中国共产党和人民的事业是靠艰苦奋斗不断发展壮大的，在新的历史条件下，还需要我们始终牢记“两个务必”，始终坚持艰苦奋斗，始终保持革命战争年代那一股劲，那一种革命热情，那一种拼命精神。

第十七章

领导创新问题

思路决定出路

创新的空间决定着发展的空间，创新的水平决定着发展的水平，创新的程度决定着发展的速度，创新的工作方法尤为重要。各级党员干部尤其是领导干部务必拓展思维、勇于创新，具备敢闯敢试的意识，以更加开放的视野来谋划和推进高质量发展。

创新领导工作方法，必须有包容四海的胸怀。工作方法要创新，首先，胸怀要宽广，不歧视、不排斥外来事物，能够与外来事物友好相处并吸收其精华，为我所用。其次，眼界要开阔，不仅看“总量”还要看“人均”，不仅看纵向还要看横向，不断深化思想认识。最后，思路要拓开，“打开大门迎良士、放眼四海找标兵”。

创新领导工作方法，必须有敢为人先的勇气。所谓“做鸟就做领头雁”，只有敢为人先，才能抢得发展的先机，占领发展的制高点，才能“天高任鸟飞”，实现鸿鹄之志。工作方法要实现创新，敢为人先的气魄至关重要。要敢想，绝不安于现状。以“第一个吃螃蟹”的胆量去思考，去创造，敢于“异想天开”，敢于“无中生有”，保持永不满足、永不懈怠、永不停顿的精神状态。要敢试，绝不放弃机会。要敢闯，绝不畏惧风险。四平八稳只能固守落后，怕担风险就不会实现跨越。面对不进则退、小进慢进也是退的逼人形势，必须放大胆子、放开手脚，克服那种“别人干了我再干”、怕犯错误的懦夫思想，加快赶超跨越的速度。

创新领导工作方法，必须有合作共赢的谋略。要拓宽开放空间，扩大开放领域，广泛开展多领域的对外交流与合作，提升城市的知名度和影响力。要优化开放环境，营造法治、公平、高效的投资环境，在招商领域、招商方式、招商实效、招商平台等方面实现新突破。要提高开放水平，做到开放的胆量再大些，开放的步子再快些，开放的办法再多些。

创新领导工作方法，必须有排除万难的决心。在推进改革的过程中，我们必然会遇到很多困难和问题，要发展必须付出辛勤和汗水。我们要大力弘扬开创精神，发扬老区传统，坚定开放的信心和决心，以团结奋进的士气、昂扬向上的朝气、开拓创新的勇气、敢于争先的锐气，激发广大人民群众的无限热情，形成强大的精神力量。

思路决定出路，我们唯有树立强烈的开创意识，向创新要效益，向创新要质量，向创新要发展，向创新要速度，才有可能跟上新时代高质量发展的步伐。

领导干部要敢于创新

习近平总书记明确指出：“当今世界，变革创新的潮流滚滚向前。中国的先人们早在2500多年前就认识到：‘苟利于民，不必法古；苟周于事，不必循俗。’变革创新是推动人类社会向前发展的根本动力。谁排斥变革，谁拒绝创新，谁就会落后于时代，谁就会被历史淘汰。”[①] 创新是一个民族进步的灵魂，是一个国家兴旺发达的不竭动力，也是一个政党永

① 习近平：《习近平在博鳌亚洲论坛2018年年会开幕式上的主旨演讲》，新华网2018年4月10日。

葆生机的源泉。创新就要不断解放思想、实事求是、与时俱进。面对全面建设社会主义现代化国家的新形势、新任务，领导干部首先要有创新意识，敢于创新，善于创新。那么，如何才能善于创新呢?

一是要打牢创新基础。用科学的理论武装头脑，既是创新的前提，更是保证创新不偏离正确轨道的关键。领导干部唯有终身学习，才是应对万变的根本。学习是为创新积累底蕴，储存能量。只有具备了丰富的知识，掌握了多种技能，才能厚积薄发，见微知著，创造性地提出问题和解决问题。因此，必须认真系统地刻苦钻研习近平新时代中国特色社会主义思想，全面、准确地领会其理论体系和精神实质，提高分析和解决复杂问题的能力。

二是要确立创新思维。不同的思维方式，决定着不同的行为特点和工作水平，也决定着不同的工作效果。如果思维方式上做不到破旧立新，创新就是一句空话。领导干部必须在创新思维方式上发挥先导作用，学会能动地、灵活地认识问题，做到敢于否定，勇于创新。

三是要培养创新精神。创新是一个破旧立新、推陈出新的过程，肯定有阻力和风险，也可能会遭遇挫折甚至失败。因而，领导干部必须以无私无畏的高尚境界和宽广胸怀，战胜前进中的一切困难，应对复杂形势。创新精神源自对党和人民的高度负责，源自坚强的党性和崇高的人格。只有一切以人民的利益为重，时刻牢记历史赋予的使命，才会有非凡的胆略和勇气，保持奋发有为的精神状态，开创新局面。

四是要运用创新方法。创新不是空谈，要结合正在变革的社会实践，不断创新工作方法，提高领导水平。为此，工作要有新思路。思路新，就能抓住事物的主要矛盾，就能增强工作的指导性和主动性，就能更好地驾驭全局。因此，必须以世界眼光和战略思维把握大势，在吃透“上情”、摸透“下情”、掌握市场“行情”的基础上，创造性地作出超人一步、高人一着的决策，形成既着眼长远又兼顾当前，既发挥优势又规避劣势，既有前瞻性又有指导性的好思路。其次，不能实行本本主义，要不唯书，不唯上，只唯实。

新形势下，领导干部要把握大势，统揽全局，提高领导能力，永立于不败之地，关键在创新，出路在创新，希望也在创新。

领导干部要善于创新

辩证法告诉我们，事物是变化发展的，一定时期内合理的东西，在环境和条件变化后，可能落后于形势，变得不合时宜，甚至变成谬误。这就是所谓的“世易时移，变法宜矣”。变则通、通则久。这就告诉我们在工作中必须与时俱进，开拓创新。对领导干部来说，要做到工作中有创新，并且有好的创新，我认为应该把握以下五个方面。

一是站位。就是为了什么创新，或者说创新的根本目的是什么。对我们来说，创新的根本目的是推动发展、服务人民。因为，人民群众是我们的执政基础，离开了人民群众，我们就成了无本之木、无源之水，就会一事无成。如果脱离了人民，再大的创新也没有任何意义。

二是思维。作为领导干部，要坚持用马克思主义的认识论做指导，不断解放思想，创新思维方式，努力做到变封闭思维为开放思维，变保守思维为开拓思维，变滞后思维为超前思维，变静态思维为动态思维，变单向思维为多向思维，大胆开拓新思路，寻找新视角，提出新创见。

三是勇气。创新是一个痛苦的过程，不仅源于创新的内在困难，更有来自外界的种种抵制、反对。因为创新必然形成对权威、传统、习惯、常规、惯例和偏见的冲击，难免会受到嘲笑、批评、责难、非议甚至是威胁，这就要求我们敢担风险、不怕挫折和失败。要有一股敢为人先、锐意进取的闯劲、挤劲、钻劲，要有一股矢志不渝的恒劲、韧劲。

四是眼光。善于以敏锐的、前瞻性的眼光，把握时代脉搏，洞察发展态势，并根据大势来创新，掌握工作主动权。要精心实施重大文化产业项目带动战略，推进文化产业结构调整，培育新的文化业态，提高文化产业规模化、集约化、专业化水平。要精心打造中华民族文化品牌，提高我国文化产业国际竞争力，推动中华文化走向世界。

五是视角。许多人在寻求创新时，总习惯于贪大求全，却很少有“于细微处见精神”的细心和耐心。要创新，必须加强对细节的关注。海尔集团总裁张瑞敏在谈到创新时说：创新不等于高新，创新存在于每一个细节之中。作为一个领导干部，绝不能对工作中既不相同却又相互关联的每一个细节掉以轻心，要善于抓住工作细节中的蛛丝马迹，在人们熟视无睹的现象中灵光一闪找到创新的路径。

谨防“虚假创新”

创新，是新时代最鲜明的主题之一。一般来说，创新主要体现在两个方面，一是理论创新，也就是思想观念上的创新；二是实践创新，也就是工作中的创新，这两者紧密联系，相辅相成。但无论何种创新，都不是一件轻而易举的事，都是在习近平新时代中国特色社会主义思想指导下，将党的路线、方针、政策与本地本单位的实际相结合，不断研究新情况、解决新问题、实现新突破的艰难复杂的探索过程。

然而，目前，有少数领导干部把创新视为儿戏，他们有的今天提出“创新思维”，明天就推出创新成果，此可谓“速成创新法”；有的一不靠群众，二不靠实践，网罗几个“秀才”，闭门造车琢磨几天，一个新点子便“闪亮登场”，此可谓“闭门创新法”；有的缺乏自主创新能力，便借他山之石以攻玉，把外地的经验当“时装”，拿来改头换面，乔装打扮一番，便急急忙忙向外界展示自己的新形象，至于这“时装”得不得体，合不合身，则全然不顾，此可谓“借鉴创新法”；还有的是一年一个新提法，一岁一套新思路，去年关于创新的讲话精神言犹在耳，墨迹未干，今年的创新体系又早已酝酿成熟，炮制出笼，但是到年底回过头看，才发现这些新思路没有一个成为促进经济发展和企业扭亏的出路，这就像猴子掰苞谷，掰得快，丢得快，结果一无所获，此可谓“随意创新法”。上述所谓的“创新术”有一个共同的特征，就是从文件到文件，从会议到会议，从理论到理论，纸上谈兵，坐而论道，没有丝毫的实际效果，其共同的本质就是“虚假创新”。

人们对创新重要性的认识不断提高，各级领导干部、各个行业部门开拓创新的热情不断高涨，各种新观点、新思路、新举措不断涌现，让人目不暇接。面对扑面而来的阵阵“新”风，我们没有理由不欢欣鼓舞。但是，只要我们用冷静的头脑稍加分析，就不难发现，许多贴着创新标签、打着创新招牌而出现的创新之举，实际上并无多少新意，有的是听起来新，仔细琢磨并不新；有的是提法新，做法不新；有的是形式新，内容不新。凡此种种，都给人以“新瓶装旧酒”的感觉。对这种无实事求是之意、有哗众取宠之心的“虚假创新”，应当严加提防，予以纠正。

为什么有的人要在创新这样一个严肃认真而又事关改革和发展大局的问题上弄虚作假呢？除少数人急功近利，对党和人民的事业不负责任外，大多数人是因为对创新缺乏正确、全面的认识和科学、理性的思考，将创新简单化、庸俗化，结果“画虎不成反类犬”，不仅没有通过创新达到预期的目的，反而劳民伤财，搞了许多形式主义的东西，在人民群众中造成了不良影响。

创新绝不是随心所欲地闹着玩，更不是不负责任的政治游戏。无论是思想观念的创新、科学技术的创新，还是管理体制的创新，都需要扎实的理论功底、精深的专业知识、百折不挠的意志、脚踏实地的态度，以及对事物内在规律与本质的深刻把握。也就是说，创新不仅要具有强烈的创新意识，更要具备过硬的创新能力，因为从某种意义上讲，创新的过程就是人们探索真理，追求真理，实现由“必然王国”到“自由王国”飞跃的过程。

不管你的创新蓝图多么诱人，创新思路多么完整，创新体系多么新颖，最终都要落实到效果上，都要通过实践来检验。创新是时代赋予我们的历史使命。勇于创新，是中国共产党人的优良传统和可贵品格。如何提高各级领导干部的创新素质与创新能力，是亟须解决的一个重要课题。

要实现科学有效的创新，力避上述“虚假创新”，必须遵循正确的创新原则，正确处理好以下五个关系。

一是要正确处理解放思想与实事求是的关系。只有不断解放思想，才能发挥创造性，但是解放思想不是胡思乱想，开拓创新不是标新立异，只有坚持解放思想与实事求是的统一，坚持在实践中探索创造，创新才会有坚实的根基。

二是要正确处理继承与发展的关系。既要继承前人，又要突破陈规；既要发扬革命传统，又要创造新鲜经验；既要在继承中创新，又要在创新中发展。

三是要正确处理领导干部个人与群众的关系。一方面，领导干部要加强学习，努力提高自身的素质和创新能力；另一方面，领导干部要善于从人民群众中汲取智慧，坚持群众路线和群众观点，尊重群众的首创精神。

四是正确处理对上负责与对下负责的关系。创新不是围着上级转，做给上级看，而是要把人民群众的情绪与愿望作为温度计、测量仪、晴雨表，努力实现对上负责与对下负责的高度一致和有机统一。

五是正确处理创造热情与实干精神的关系。开拓创新，贵在落实。只有艰苦奋斗，真抓实干，才能在全面建设社会主义现代化国家的伟大实践中，开拓新局面，取得新成就，创造新辉煌。

从“猴子也有爷爷”谈起

从前，有一个卖草帽的人，在路旁的一棵大树下睡着了，等他醒来的时候，发现身旁的草帽都不见了。抬头一看，树上有很多猴子，每只猴子的头上都有一顶草帽。他听说猴子喜欢模仿人的动作，于是赶紧把头上的草帽拿下来，丢到地上。果然，猴子也学着他纷纷将草帽扔在地上。卖草帽的人回家后，将这件奇特的事告诉了儿子和孙子。多年以后，孙子继承了家业。有一天，他遇到了和爷爷一样的情况：在树下打盹时，草帽被猴子拿走了。孙子想到爷爷曾告诉他的方法，便如法炮制。奇怪的是，猴子不但没有跟着他做，还直瞪着他看个不停。此时，猴王出现了，捡起地上的草帽，得意地说：“开什么玩笑！你以为只有你有爷爷吗？”

这个故事告诉我们：原来成功的经验也需要不断地创新，否则将会成为今天失败的累赘。经验，是工作的结晶，好的工作经验，就是一笔宝贵的财富，我们在平时的工作实践中，就是靠着一个个宝贵的经验，才不断地驶向成功的彼岸。然而，随着时代的变迁，新情况、新问题、新任务不断涌现，要求我们的经验也要紧跟时代，与时俱进。如果还抱着那些已经过时的陈旧经验不放，不仅会束缚我们的手脚，还会遮蔽我们的视野和思路，使我们犯经验主义的错误。尤其在高科技突飞猛进的当前，情况变化迅速，文明进步快捷，信息更新加快，稍一原地踏步，就会成为落伍者。

然而，现实生活中的一些同志却认识不到这一点。有的习惯于凭老经验办事，总爱用自己头脑中的条条框框去认识事物，解释现实，用过时的经验指导工作，处理问题；有的满足于辛辛苦苦干工作，忙忙碌碌过日子，习惯于“脚踩西瓜皮”“跟着感觉走”，不善于在实践中总结经验教训，进行理性思考；有的不善于学习别人的经验，借鉴他人的优点，要么“自我感觉良好”，对别人的新经验、新创造不屑一顾，要么脱离本单位实际，机械地套用他人的做法，企图用现成的模式解决千差万别的矛盾和问题……结果，认识上的偏差导致工作上的失误，影响了各项工作的落实和事业的发展。

青山遮不住，毕竟东流去。再好的经验也会成为过去，如同高科技产品，今天可能是博览会上的高、精、尖，明天就可能成为博物馆里的“古董”。要想使经验之花常开不衰，就必须在工作实践中不断地探索、总结、积累、创造。

建设中国特色社会主义是一项崭新的事业，没有现成的经验和固定的模式可以照搬照抄，需要我们坚持解放思想、实事求是、与时俱进的思想路线，在实践中学习，在实践中探索，在实践中实现理论创新、制度创新、科技创新、文化创新以及其他各方面的创新，不断开创中国特色社会主义事业的新局面，这是我们要长期坚持的治党治国之道。

第十八章

领导监督问题

领导干部要自觉接受监督

习近平总书记强调，不想接受监督的人，不能自觉接受监督的人，觉得接受党和人民监督很不舒服的人，就不具备当领导干部的起码素质。[①] 自觉接受监督是党对领导干部的基本要求之一，是领导干部应有的思想觉悟和政治品质。领导干部能否为人民掌好权、用好权，其中一个很重要的因素就是能否将自己手中的权力置于党和人民的监督之下，自觉地主动地接受严格的监督。反腐倡廉的实践一再证明，领导干部如果没有接受监督的自觉性，长期失去应有的监督，就容易导致蜕化变质。

领导干部自觉接受监督必须在以下几个方面下功夫。

首先，领导干部要在认识上自觉接受监督。现在，有少数领导干部官本位意识严重，监督意识淡薄，缺乏接受监督的勇气，认为监督是挑毛病、找岔子、唱反调，监督工作可有可无，可多可少。认为接受监督会有损党组织的权威，降低自己的身份，既不认真履行监督，又不自觉接受监督，结果导致唯我独尊、权力膨胀、信马由缰，给党的事业和个人成长造成损害。自觉接受监督，无论是对自己的成长，还是对党和人民的事业，

① 习近平：《十八大以来重要文献选编》（上），中央文献出版社2014年版，第136页。

都是有百利而无一害的。领导干部应当具有立党为公、善纳批评的胸怀和真诚主动地接受监督的政治素质。应当牢固树立正确的权力观，正确认识自己手中的权力，加强党性修养和世界观的改造，时时处处严格要求自己，始终保持政治上的清醒与坚定。要强化党员意识，摆正自己在党内的位置，自觉把自己置于组织、制度和群众监督之中，做到在党章面前是普通党员，在班子内部是普通成员，绝不能存有任何“优越感”，更不能凌驾于组织之上，成为不受监督的特殊人物。

其次，领导干部要在从政行为上自觉接受监督。一是要勇于接受自上而下的监督。上级对下级的监督，既是对工作的指导，更是对个人的关心和爱护。对于扎实工作、勤政廉政的领导干部，通过监督能更好地让上级部门总结经验，指导工作；对少数有问题的领导干部，通过监督能及时发现问题，及时纠正错误和失误，有利于领导干部的健康成长。上级无论采取什么形式进行监督，领导干部都应积极支持和配合。二是要善于接受领导班子内部的监督。在领导班子中，每一个领导干部既是被监督者，又是监督者。作为被监督者，应该主动听取各方面的意见，尤其是不同意见，自觉接受其他班子成员的监督。作为监督者，要从关心和爱护同志出发，经常交流思想、看法和意见，及时点拨、提醒其他班子成员。三是要敢于接受自下而上的监督。作为领导干部不能有高高在上的思想，应当主动接近群众，乐意听取并虚心接受群众意见，切实做到见微知著，防微杜渐，这也是一个清醒的、坚定的、有所作为的领导者必备的个人修养。

再次，领导干部要在关键环节上自觉接受监督。领导干部应把自己的一切从政行为，特别是权力的行使置于有效的监督之下，针对突出问题，抓住关键环节，切实增强监督的针对性。一是要自觉把决策权置于监督之下。在现实生活中，确有少数领导干部决策随意性很大，事前拍胸脯，事中拍脑袋，事后拍屁股的现象依然存在，给党和国家造成了很大的损失。决策不仅要民主，更要科学，领导干部在决策中，必须以民主当头，以科学为本，善于听取各方面的意见和建议，实行领导、专家、群众相结合的决策机制，切忌主观臆断、想当然。二是要自觉把用人权置于监督之下。领导干部的用人权是党和人民赋予的，不是个人的，绝不能以个人的好恶来任用干部，更不能封官许愿、买官卖官，而应坚持德才兼备、群众公认的原则，充分发扬民主，尊重群众意愿，把用人权交给群众。三是要自觉把用钱权置于监督之下。作为领导干部，应当明白，无论是重大项目的立项、大额度资金的使用，还是拨款、贷款、借款等财政金融工作，抑或是工程发包、土地批租等经济活动，都有严格的程序和规定，绝不能随意插手、任意干涉，不能用个人的主张代替党的主张，用个人的决定代替组织的决定。

最后，领导干部要在维护执行上自觉接受监督。要坚决摒弃监督可有可无的观念，在落实好民主集中制、民主生活会和党员领导干部参加双重组织生活等制度的同时，进一步规范和完善内部监督制约机制，真正把自己置于组织和群众的监督约束之中，用制度保证监督工作的开展。对党内在一定条件下容易滋生的违法违纪问题和不正之风要超前研究，事前提出有针对性的措施；对已经出现的苗头性问题，及时察觉，及时予以纠正；对本单位、本部门干部行使权力的情况，经常进行检查督促，确保监督取得实效。要鼓励和支持群众对领导干部不廉洁问题进行监督，引导群众敢于同逃避监督、破坏监督的人和事做斗争，把党内外群众支持和参与监督的积极性保护好、发挥好。要积极支持监督机关开展工作，真正做到领导活动延伸到哪里，监督就实行到哪里，努力营造一级抓一级，一级带一级，一级监督一级的良好氛围。

领导干部手中的权力是党和人民赋予的，自觉接受党和人民的监督是领导干部的职责和义务，是天经地义的。各级领导干部要把监督看作对自己的关心和爱护，增强接受监督的意识，主动接受各方面的监督，以自觉接受监督的实际行动取信于民，永葆共产党人的先进性和纯洁性。

党内监督存在的问题及对策

党的十八大以来，以习近平同志为核心的党中央多次提出党要管党、从严治党，其关键就是加强党内监督，严肃党内政治生活。中国共产党虽然在加强党内监督方面做了大量工作，取得了一定的成绩，但是，党内监督仍然是党的建设的薄弱环节，仍然存在许多问题。

增强党内监督意识，提高实施党内监督的自觉性。各级党组织和每个党员都要从政治的高度，从巩固党的执政地位的高度，从保持共产党人的先进性和纯洁性的高度，从建设中国特色社会主义、实现中华民族伟大复兴的高度，去认识我们强化党内监督的重要性、必要性和紧迫性。要针对当前一些党员监督意识差、模糊认识多、纪律观念淡薄等问题，加强党的基本理论、基本知识的学习，经常对党员进行理想、信念、党章、党纪，以及党的方针、政策和形势任务的教育。特别是要结合当前的主题教育活动，对党员干部特别是领导干部进行监督教育。一是要有很强的针对性。要根据改革发展的要求，针对社会主义市场经济条件下的新情况，针对党风廉政建设出现的新问题，以及党内存在的其他倾向性、苗头性问题，安排好教育内容。二是要努力做到形式多样，生动活泼，以情感人，以理服人。三是要经常抓，反复抓，抓反复。

在这三个方面，目前还都存在一些薄弱环节，一些地区或部门的领导干部，重业务轻思想，重使用轻教育，党员、群众思想上认识上有什么问题，工作上、生活上有什么困难，一点也不清楚。在具体的教育上，也是表面化、形式主义的多，扎实、细致工作的少；一般性的大道理多，针对性强、真正触及思想的少；简单、生硬的多，入情入理、真正能打动人心、解决问题的少，而且往往还是上级强调了才抓一下，过了很长时间才抓一下，真正常抓不懈的少。党内监督要真正硬起来，必须要重视和改进思想教育，努力在提高党员干部的认识，增强接受监督和参与监督的自觉性上下功夫。

完善党内监督领导体制，提高实施党内监督机构的权威性。党内监督有多种形式，尤以纪检机关的监督最为有效。加强党的纪检部门的建设，提高党内监督的权威性，很重要的一环就是改善纪检机构现行的领导体制。

加强党内监督制度建设，提高实施党内监督的法制性。党的十一届三中全会以来，中国共产党恢复和建立了不少好的党内监督制度，特别是《中国共产党党内监督条例》的颁布和实施，为加强党内监督制度建设提供了科学依据和具体指导。但是当前仍然有一些制度不够完善，也不够配套，缺乏必要的切实可行的具体实施细则，因而不易操作、检查、发挥效力。党内监督的制度建设应对监督者和被监督者各自必须遵守的准则、行为规范、权利、义务，以及监督的范围、目标、重点、手段、程序、处理办法等作出完整、系统、明确、具体的规定，不仅应当规定怎么办，而且要规定不这么办应如何处理，从制度上、法规上确保有纪可依，有纪必依，执纪有据，违纪必究。减少主观随意性才能因制度严密而产生威慑、警诫、防范的作用，使党内监督立于教育、预防为主的基础之上。

发扬党内民主，提高实施党内监督的总体水平。党内监督不力的一个很重要的原因就是党内民主发扬不够。党内监督问题，实质上是一个党内民主问题，党内监督的成效在很大程度上取决于党组织、党员和干部在党内生活中的积极性和主动性，党内监督是党内民主的重要体现和保障，很多监督方式本身就是党内民主的重要内容，而党内民主则是党内监督的基础，党内民主的状况从根本上影响和制约着党内监督的状况。在实际工作中，一是要坚持党内监督地位人人平等，每个党员和干部既有监督他人的权利，也有接受监督的义务；二是切实保障党员的民主监督权利，充分发挥党员的监督作用；三是实行公平监督，监督的最有效办法是公开办事制度、程序和结果，增强权力运行的透明度。

努力营造民主监督的良好氛围

习近平总书记明确指出，没有监督的权力必然导致腐败，这是一条铁律。组织上培养干部不容易，要管理好、监督好干部，让他们始终有如履薄冰、如临深渊的警觉。① 张闻天曾在一次会议上讲到，要敢于提不同意见，要舍得一身剐，不怕杀头，但问题的另一面是要造成一种空气、环境，使得下面敢于发表不同意见，形成生动活泼、能够自由交换意见的局面。张闻天同志的话告诉我们，党员在党内发表不同意见或批评、监督党的领导机关和领导干部既需要一定的勇气，也需要党的领导机关和领导干部为下级组织和党员群众行使这些权利营造一种良好的氛围。

当前，民主监督的氛围还不浓，党内较为普遍地存在不愿监督、不敢监督的现象，党内自下而上的监督开展起来比较困难。这种现象与党的一些领导机关和领导干部不欢迎监督、逃避监督，甚至对批评和检举者进行打击报复有密切关系。其实，一个党不怕自己的党员对组织和领导干部“挑毛病”，就怕自己的党员对党内事务漠不关心；不怕自己的党员积极行使各项民主权利，就怕自己的党员无可奈何地甚至是心甘情愿地放弃他们的权利。我们必须防微杜渐，努力打破那种不利于党员群众行使民主监督权利的风气和局面，为党内民主监督营造一种良好的氛围，使所有的党员都来关心党内事务，都可以及时地无所顾忌地批评上级机关的错误和缺点，大胆地监督党的各级领导机关和领导干部。

努力营造民主监督的良好氛围，首先要根除党内的家长制作风。家长制是一种历史非常长久的腐朽社会现象，如果家长制作风不能得到有效克服，就根本谈不上什么党内民主，也谈不上任何有效的民主监督。要密切

① 习近平：《习近平谈治国理政》第一卷，外文出版社2018年版，第418页。

党内的干群关系，如果党内干群关系平等、融洽，党员有什么意见、建议和想法才会愿意对党组织和领导干部讲，反之，如果党内干群关系紧张，普通党员见到党的领导干部就发怵，那么党员有什么话就不敢讲或不愿讲了。要开展积极的党内思想斗争，如果对待党内的思想矛盾，只讲斗争，不讲团结，或只讲团结，不讲斗争，就会犯形而上学的错误，不利于党员行使民主监督权利。第一种倾向容易对持有不同意见者搞残酷打击，误伤同志，使家长制和宗派主义在党内盛行，严重破坏党内民主。第二种倾向则容易导致“好人主义”“关系学”等庸俗风气在党内盛行，使一些党员面对错误的思想行为缺少正气，使勇于批评的同志陷入孤单。

努力营造民主监督的良好氛围，还要坚决依法惩治那些打击报复批评检举者的人。党员依据党章行使批评、检举等民主监督权利，是非常必要的，也是难能可贵的。然而，有的领导干部却不能正确对待别人的批评，本来是自己有问题，却不允许别人碰，谁碰了就找谁算账；有的领导干部对批评过自己的人不提拔、不重用，甚至在工作中百般刁难；有的领导干部对举报自己的人进行打击报复，甚至横加迫害。这种现象如果得不到纠正，谁还敢行使民主监督权利？只有把这种歪风邪气压倒，正气才能上升，党员行使民主监督权利才不会有后顾之忧、后顾之怕。

后　记

社会工作与党和政府的工作密切相关。社会工作是关注民生、改善民生、推动社会发展进步的重要力量。改革开放以来，党和政府十分重视社会工作。党的十七大报告明确提出："必须在经济发展的基础上，更加注重社会建设，着力保障和改善民生，推进社会体制改革，扩大公共服务，完善社会管理，促进社会公平正义，努力使全体人民学有所教、劳有所得、病有所医、老有所养、住有所居，推动建设和谐社会。"为我国社会建设提供了方向指导和明确要求，也为社会工作事业的发展提供了源动力。

党的十八大以来，在习近平新时代中国特色社会主义思想指导下，社会治理变革和现代化建设全面推进。这一时期的社会工作事业厚积薄发，全面融入国家社会治理现代化进程。新时代社会工作必须坚持以人民为中心，一方面要充分体现党的执政理念，另一方面必须有效地融入基层社会治理和公共服务体系之中，在解决民生问题中发挥不可替代的作用，为国家治理体系和治理能力现代化做出应有的贡献。

本书是在民生事业不断开创新局面的背景下，聚焦人民群众的急难愁盼问题，从人民群众关切的教育、住房、健康、安全生产、环境保护等方面着手，阐述存在的问题和解决措施。这既是对社会工作热点问题的积极研究，又是对民生热点问题的深度关注。同时坚持理论与实践、历史与现实、个人价值与社会价值相统一，是作者在自身研究领域长期的思考和积累，希望能给读者一些有益的参考和启发。

本书由艾理生和姚迪共同编写。艾理生教授策划拟定了写作提纲，姚迪博士花大量的时间和精力做了具体的前期性、基础性工作。本书第一章、第二章由艾理生撰写，第三章至第十八章由姚迪撰写。

最后，敬请读者对书中的不足批评指正。

艾理生　姚　迪

2022年11月18日